WIELKI OGARNIACZ ŻYCIA

WE 2

PAN BUK, PANI BUKOWA

WIELKI OGARNIACZ ŻYCIA WE 2

czyli jak być
razem i się
nie pozabijać

I ostatnie pytanie: czemu chce pani być **moją dziewczyną**?
Mój poprzedni facet uciekł, a pan nie wygląda, jakby był w stanie uciec przed **czymkolwiek**

Jak poznać miłość swojego życia

ON

Życie to suma przypadków. Albo **PRZEZNACZENIE**. Nie wiadomo. To jest właśnie w tym wszystkim najśmieszniejsze – o tej samej historii jeden powie: „Co za przypadek!", a drugi: „To nie mógł być przypadek". Kwestia gustu chyba. **DOSKONAŁYM** przykładem takiej historii jest to, jak poznałem moją Kobietę – festiwal tak przypadkowych przypadków, że słowo **PRZEZNACZENIE** samo ciśnie się na usta (jeśli ktoś lubi takie słowa, oczywiście).

Tego dnia miało mnie nie być w robocie, bo od tygodnia pracowałem zdalnie. Lekarz mi zalecił. Mógł mi dać L4 po prostu, a nie zalecać, serdeczne dzięki za takie zalecenie, muszę zmienić lekarza. Ale nieważne. Tydzień zdalnej pracy jest niekorzystny z dwóch powodów. Po pierwsze, nie widujesz żadnych ludzi, więc zaczynasz dziczeć. Gadanie do siebie, halucynacje z samotności – te sprawy. Po drugie, w pewnym momencie kończy się jedzenie w lodówce i do halucynacji z samotności dochodzą halucynacje z niedożywienia. Ja nie jestem szczególnie społecznym typem, ale jednak jakiegoś minimalnego kontaktu z ludźmi potrzebuję. Jedzenia też potrzebuję. I dobrze wiem, gdzie znajdę jedno i drugie. W pracy. Praca jest fajna, są ludzie, jest obiad, po co mi to siedzenie w domu? Zatem idę do pracy.

Wchodzę do biura akurat jak jest ogólne poruszenie, bo zamawiają obiad. Czyli kontakt z ludźmi i z jedzeniem załatwiony. Od razu czuję się lepiej. Siadam przy biurku i momentalnie sobie przypominam, czemu praca wcale nie jest fajna: wchodzi Ewa.

– Boże, Adrian, jesteśmy w dupie z wczorajszą reklamą! Co ty tu robisz w ogóle, czemu nie pracujesz z domu?! – Ewa jest moją taką trochę przełożoną, co sprowadza się do tego, że stoi mi nad głową, czego nienawidzę, i mówi rzeczy typu: „Daj to o pół piksela w prawo" albo „Logo większe i na środek". No i zawsze wita mnie słowami „Boże, Adrian, jesteśmy w dupie".

– Przyszedłem, bo zgłodniałem – odpowiadam pod nosem, włączając kompa. Ten wita mnie komunikatem o jakiejś niezbędnej aktualizacji, co na polski można przetłumaczyć jako „Boże, Adrian, jesteśmy w dupie".

– Bierz się do roboty. Ja za chwilę mam rozmowę kwalifikacyjną, bo ma dziewczyna do pomocy w księgowości przyjść – wykrzykuje wszystko, stojąc mi oczywiście nad głową, właściwie prosto do ucha, zupełnie jakby mnie to dotyczyło choćby w najmniejszym stopniu.

Chcę do domu. Po co tu przychodziłem? Kontakty międzyludzkie są przereklamowane.

Windows się aktualizuje, a przynajmniej tak twierdzi. „Oddychaj, Adrian. Wdech, wydech. Siedem godzin z tą namolną babą i znowu będziesz w domu, w ciszy i spokoju" – powtarzam sobie w myślach i oddycham jako ten mnich buddyjski.

– **ADRIAN!** – wrzeszczy mi do ucha tamta. – **GDZIE TY JESTEŚ, DO CHOLERY?!**

Odwracam się. Czyżby w czasie tej krótkiej medytacji mojemu duchowi udało się opuścić ciało? Słyszałem, że to się zdarza czasami.

Ewa drze się do słuchawki. Tak, drze się do słuchawki, stojąc mi nad głową. To już jest jakiś wyższy poziom skretynienia. Jej rozmówca najwyraźniej nie wytrzymał i powiedział, żeby się odczepiła (albo jakoś podobnie), bo bez słowa włożyła komórkę do kieszeni.

W pracy jest nas dwóch Adrianów. Jest Adrian od grafiki, „pół piksela w prawo" oraz „logo większe i na środku", i to jestem ja. I jest Adrian z działu HR – ulubieniec kobiet, donżuan i lowelas, niedoszły aktor oper mydlanych. Znaczy, jest jak jest, obecnie go nie ma i nie wiadomo, kiedy będzie. I to dlatego Ewa się tak wścieka od rana – ona sama nie umie przeprowadzić jednej rozmowy kwalifikacyjnej. A ja tu sobie tylko siedzę i czekam, aż Windows się zaktualizuje. Nagle mi się humor poprawia.

Pasek na ekranie kompa załadował się już do osiemdziesięciu procent, **JESZCZE JAKIEŚ PÓŁ GODZINY I BĘDĘ MÓGŁ ZACZĄĆ PRACOWAĆ**. Dobrze, że burgery przyszły. Nagle coś mnie paca w potylicę. Tak, paca. Tak, w potylicę. Tak, to znowu ona.

– Adrian, poszedłbyś ze mną na tę rozmowę? – Ma jakiś dziwnie skruszony głos, całkiem jak nie ona. – Potrzebne są dwie osoby, żeby to sprawnie poszło…

– Ale… Burgery… – Nie wiem, czy to głód, czy zaskoczenie jej nagłą zmianą tonu, ale trochę zapominam języka w gębie.

– Odgrzejesz sobie! Chodź! – O, wróciła do formy. Szkoda, że nie powiedziała: „Do nogi!".

No i tak siedzimy w tym **POKOJU PRZESŁUCHAŃ** i czekamy na jakąś biedną kobitkę, która chce tu pracować z własnej woli. Od razu jak wejdzie, powinienem jej powiedzieć, żeby uciekała.

Drzwi się otwierają. I wchodzi. **ONA**.

To była jej pierwsza i jedyna wizyta w tej firmie. W dniu, w którym miało mnie nie być w biurze, a już na pewno nie planowałem przeprowadzać rozmowy kwalifikacyjnej, bo **NIGDY** ich nie przeprowadzam. Jakie były szanse na taki splot przypadków? Nie wiadomo, nigdy nie byłem dobry w liczeniu prawdopodobieństwa. Ale wydaje mi się, że niewielkie.

Przeprowadziliśmy rozmowę. Nigdy w życiu czegoś takiego nie widziałem. Gadała jak potłuczona, zapomniała, jak się nazywa, i jestem prawie pewien, że była pijana*. W pewnym momencie autentycznie popłakałem się ze śmiechu, za to Ewa zbladła i wyglądała, jakby miała zaraz zejść na zawał. Powiedzieliśmy, że oddzwonimy. Moja przełożona nie zamierzała oddzwaniać, ale ja tak. Miałem przeczucie, że jeszcze wiele śmiechu mnie czeka w związku z tą znajomością.

* O tym, jak wyglądała ta rozmowa, możecie się dowiedzieć z książki *Wielki Ogarniacz Życia*.

Nazywam się Adrian Las, a Ona – Beata Bukowa. Nawet nasze nazwiska sugerują, że nigdy nie powinniśmy się spotykać, bo wychodzi z tego jakiś Bukowy Las. Ale się spotkaliśmy, a to jest historia o tym, co było dalej.

Niby taka słaba płeć,
**a spróbuj jej w nocy
odebrać swój kawałek kołdry**.

Jeśli ona mówi „rób, co chcesz”,
pod żadnym pozorem
nie rób tego, co chcesz.

Jest taki czuły! I potrafi słuchać! Rozmawiam z nim jak ze starym kumplem!
A dobrze całuje?
Ach! Jak on całuje!
Ładna?
No
Zajebiście

Jak zapomnieć o zasadach na pierwszej randce

ONA

Zapytacie pewnie, jak to się w ogóle stało, że mam faceta. Taka piękna, inteligentna, młoda, wyemancypowana kobieta jak ja nie potrzebuje przecież zbędnego balastu w postaci stałego związku. A jak powiem, że się **ZAKOCHAŁAM**? Nie od pierwszego wejrzenia, oczywiście, ale od pierwszej randki to już chyba tak.

Zaczęło się od wybornej rozmowy kwalifikacyjnej, na której zaprezentowałam wszystkie swoje największe atuty. Kiedy odebrałam telefon kilka dni później, byłam pewna, że otwiera się przede mną nowa ścieżka kariery. Okazało się, że to tylko Adrian się otwierał.

Tajemniczy, umiarkowanie przystojny mężczyzna zaprasza mnie na randkę? Kimże jestem, żeby odmówić? Ponieważ jestem niezmiennie, na szczęście, niestety sobą, nie odmówiłam.

Zaczął bardzo dobrze, bo od pizzy. Nie on pierwszy. Obawiam się, że już wszyscy w tym mieście wiedzą, że pizzą można wiele spraw ze mną załatwić. Nie wszyscy wiedzą, że dobrą pizzą można załatwić więcej. A On mnie od razu zabrał do takiej knajpki, że połowę załatwiła za niego. Sporo załatwiło też wino, bo nie wszystko pamiętam z tego wieczoru. No na pewno była kolacja i niespodziewanie miła i luźna atmosfera. Zupełnie jakbym gadała ze starym kumplem. Żadnego przepytywania, wypytywania o dane personalne, historię chorób i stan majątkowy. Potem On zapłacił i wyszliśmy jeszcze na spacer brzegiem Wisły. A gdy tak sobie szliśmy tymi bulwarami, rozmawiając zupełnie o niczym chyba, to On się nagle zatrzymał i na mnie spojrzał. Ale jak On na mnie spojrzał! On na mnie nagle spojrzał, jakby pierwszy raz w życiu zobaczył kobietę. Ja normalnie nie wierzę, że w oczach można jakieś iskierki mieć, że pożądanie w nich widać czy coś. Ale wtedy… o matko! Jego oczy się nagle rozjarzyły i spojrzał na mnie tak właśnie… I przesunął delikatnie ręką po moim ramieniu… Dotknął moich włosów… I mnie pocałował. Ja normalnie nie zawsze się całuję na pierwszej randce, ale **JAK ON MNIE POCAŁOWAŁ**! Najpierw delikatnie musnął ustami, czule i romantycznie, z pewną taką nieśmiałością… A potem… Ja nie wiem… Może przesadzam… ale wydaje mi się, że On zrozumiał… że **ON SIĘ DOMYŚLIŁ**, że mi się to podoba, i kontynuował mocniej, bardziej stanowczo, namiętnie… Było wow!

I kiedy mnie odprowadził i pożegnał przed drzwiami, wiedziałam, po prostu wiedziałam, że to nie jest nasze ostatnie spotkanie.

ON

Ja się nie znam na kobietach, a już w ogóle nie znam się na randkach. A najbardziej ze wszystkiego na świecie to nie znam się na randkach **PIERWSZYCH**. Kojarzą mi się z tym, że jest mnóstwo zasad, o których nie mam pojęcia, skomplikowanych tajnych rytuałów i innych tematów tabu. Dlatego kiedy wybierałem się na pierwszą randkę z moją świeżo poznaną niedoszłą koleżanką z pracy, podjąłem męską decyzję i postanowiłem **OLAĆ WSZYSTKIE ZASADY I IŚĆ NA ŻYWIOŁ**. Bo w sumie co złego może się stać. Najwyżej da mi kosza. Nie ona pierwsza i nie ostatnia, jestem weteranem w tym temacie.

Ale jedna jest zasada, co mi zawsze wpajano, że jest ważna. Pewnie niesłusznie, ale cóż zrobić, jak już wpojone. Przecież tego nie wypoję. Chodzi o to, żeby się nie całować na pierwszej randce. Nie wiadomo dlaczego, to pewnie jeden z tych tematów, przez które potem powstają różne książki pod tytułem „Kobiety są z takiej planety, a faceci z siakiej". No nieważne. W każdym razie z tą jedną zasadą w głowie wybrałem się na podboje miłosno-randkowe. I wszystko szło chyba całkiem dobrze, gadaliśmy o wszystkim i o niczym, bez żadnej spiny, w ogóle zapomniałem, że na randce jestem i powinienem coś udawać. Ale wtedy nagle, kiedy w swojej nerdowskiej lekkomyślności zszedłem na temat *Gwiezdnych Wojen*, którym to tematem zwykłem zabijać dziewięćdziesiąt procent moich randek, Ona, zamiast zareagować grobową ciszą, powiedziała: „Jasne, że Han strzelał pierwszy, nie ma w ogóle o czym gadać".

I co ja mogłem wtedy z tą moją śmieszną zasadą o niecałowaniu, skoro oto Kobieta Marzeń się przede mną objawiła?

Chcesz też frytki?
Niee, dzięki...
Ostatnia, przysięgam

Jak się zbłaźnić we francuskiej restauracji

ON

Postanowiłem **WYJĄTKOWO** się postarać i zafundować Beacie randkę z prawdziwego zdarzenia. Moja kobieta w końcu zasługuje na to, co najlepsze, a ja jestem świeżo po wypłacie, więc **STAĆ MNIE NA WSZYSTKO**. Droga francuska restauracjo, nadchodzimy!

Zrobiłem szybki research, podliczyłem koszty, sprawdziłem stan konta. Okej, wszystko jasne. Francuska restauracjo średniej klasy, nadchodzimy!

ONA

Drogi Pamiętniczku. Dziś byłam na drugiej randce z Adrianem.

Druga randka to już nie są żarty. Druga randka to prawie jak trzecia, a trzecia to prawie jak czwarta, a czwarta to już seks, co nie? Chyba tak wyglądają zasady sawuarwiwru w tym temacie? Na wszelki wypadek zdecydowałam się na najbardziej seksowną bieliznę, jaką posiadam, wbiłam się w szpilki i suknię ze stosownym dekoltem i bez pleców oraz ogoliłam wszystko, co się dało, z wyjątkiem głowy. Mam nadzieję, że On mnie nie zabiera do budki z kebabem, bo go kopnę w dupę moją idealnie gładką nogą.

AJEZUSMARIA. Wcale nie budka z kebabem. Wcale. Restauracja, i to taka onieśmielająca. Francuska. Dobrze, że się wystroiłam co najmniej jak na rozdanie Grammy, boby mnie nie wpuścili pewnie w innym stroju. Dywan czerwony, schody pod nim, kelnerzy we frakach, muzyka nastrojowa. No, no, nie spodziewałam się. Aż nie wiem, jak się zachować, powinnam mieć chyba jeszcze jakiś wachlarz do kompletu, żebym się mogła za nim chować w chwilach zakłopotania.

Siadamy przy stoliku gustownym i okrągłym. Świeczki, kwiaty. Tylko czekam, kiedy jeszcze skrzypek wyskoczy ze swoim skrzypieniem. Dostajemy menu. W samą porę, zrobiłam się głodna z tych emocji.

ALARM! RATUNKU! MENU JEST NIEPOPOLSKU. Skąd ja mam wiedzieć, co to jest „quiche lorraine"? Albo „du jambon"? W sumie pewnie jedno i drugie to różne gatunki ślimaków. Boże, co robić?! Adrian studiuje menu z miną znawcy. Wiem! Po prostu zamówię to samo, co On. Uff!

Przychodzi kelner. Wygląda jak stereotypowy Francuz ze stereotypowej francuskiej restauracji – ma nawet idiotyczny wąsik. Może dostaje premię za imidż. Pyta, czy się na coś zdecydowaliśmy, i nie wiadomo dlaczego **PATRZY NA MNIE**. **CZEMU JA NIE MAM WACHLARZA? POWINNAM MIEĆ WACHLARZ!** Raz kozie śmierć, pacnęłam palcem w przypadkowe miejsce na liście, nawet nie patrząc, i pokazuję kelnerowi. Mówi, że doskonały wybór. No, mam nadzieję, wąsaczu.

Kolej na Adriana, ciekawe, jak sobie poradzi, przecież On nie zna francuskiego chyba. Czy zna?

– Ja poproszę „befburginjon".

Pierdzielony! Pewnie sobie wygooglował nazwę jeszcze w domu i nauczył się wymawiać. Nie znam się, ale ten bełkot brzmiał bardzo po francusku. No nic. Pozostaje tylko się modlić.

Kelner do nas wraca z talerzami. **BYLE NIE ŚLIMAKI, BYLE NIE ŚLIMAKI...**

Małże. Nie wiem, czy małże to to samo, co ślimaki, ale nie robi mi to wielkiej różnicy w tym momencie. Adrian dostał wołowinę w sosie z warzywami i właśnie się nią delektuje, rozpływając się w komplementach na temat smaku i miękkości mięsa. **BOŻE, JAK JA BYM SOBIE ZJADŁA WOŁOWINĘ. ALBO COKOLWIEK, CO NIE JEST MIĘCZAKIEM W SKORUPIE!**

Dziugam jednego ślimaka widelcem. Nie rusza się. Chyba nie żyje. Próbuję jakoś podważyć to wieczko, czy jak to się nazywa, nie wiem. **NIE NO!** Nie ma mowy, że wezmę to do ust. Ale co, zostałam zaproszona przez faceta do szykownej restauracji, zamówiłam danie i teraz nie zjem? Jak ja będę wyglądać w jego oczach?

Na szczęście jestem diabelnie inteligentna i kreatywna, więc umiem sobie radzić w takich stresujących sytuacjach.

– Ojej! Zostawiłam telefon w płaszczu! Byłbyś tak dobry i mi przyniósł? Mama miała do mnie dzwonić, to dosyć ważna sprawa... – wypalam i patrzę na Adriana z miną smutnego kota.

Mój dżentelmen przerywa posiłek i wychodzi do szatni.

Brawo ja. Powinni mi dać Oscara za ten występ. Teraz pozostaje tylko pozbyć się tego morskiego paskudztwa i potem powiedzieć: **TAKIE BYŁY PYSZNE, NIE MOGŁAM SIĘ OPANOWAĆ**. Tylko gdzie ja je wcisnę? Ten kelner krąży i **PATRZY**...

Torebka. Nigdy jej nie lubiłam. Ma niewygodny pasek, a miejsca w niej tyle, że ledwo wejdzie ta skąpa francuska porcja ślimaków. *C'est la vie*, jak to mówią Francuzi. Mówią tak, co nie?

Smaczneeego, toreeebko... Wleciały wszystkie. Zasunęłam. Spokój.

W samą porę, bo już francuski wąsacz wrócił mnie skontrolować. Adrian też jest. Nie znalazł telefonu. „O, co ja nieboga, okazało się, że miałam go w torebce, bardzo przepraszam, głupia ja". Muszę pamiętać, żeby go przypadkiem z powrotem do niej nie wsadzić.

Po kolacji. Adrian odwozi mnie autem. Jestem potwornie głodna, od szpilek bolą mnie stopy, a w dodatku cycki mi zmarzły w tej durnej sukience. **JESZCZE WIĘKSZY DEKOLT TRZEBA BYŁO SOBIE SPRAWIĆ, GŁUPIA BABO.** Czuję, że mnie grypa bierze.

Docieramy pod mój blok. Niby rozważałam wcześniej, czyby nie zaprosić na górę mojego adoratora, ale to było, zanim spotkały mnie te cholerne ślimaki. Teraz to ja potrzebuję jakiegoś normalnego jedzenia, gorącej kąpieli i aspiryny, a nie figli. Mówię mu, że było bardzo miło, po czym przysuwam się do niego, zbliżam usta do jego ust i...

KICHAM MU PROSTO W TWARZ.

Ja to umiem spierdzielić randkę. Napiszę kiedyś jakiś antyporadnik na ten temat. „Jak zepsuć randkę i przekreślić swoją przyszłość". To dobry tytuł. **NO NIE WIEM, CO TERAZ.** Adrian też nie wie, chyba go zamroczyło.

– Boże! Przepraszam cię bardzo! Ja nie chciałam! – bełkoczę i dygoczę, już sama nie wiem, czy z zimna, czy z emocji.

– Nic się n-nie stało… – jąka się biedaczyna. – Nie masz może chusteczki w torebce?

– Oczywiś… **NIE MAM!** – Jezusmaria, o mało nie włożyłam tam ręki! – Chodź na górę, doprowadzę cię do porządku.

Mam nadzieję, że nie uzna tego incydentu za zaplanowany pretekst, żeby zaciągnąć go do łóżka. Jakbym chciała go zaciągnąć, to nie musiałabym na niego kichać.

Wchodzimy na górę. Pokazuję mu łazienkę, żeby się chłopaczyna trochę ogarnął z tego, czym raczyłam go opluć. Odruchowo chwytam swój ukochany kocyk, bo cały czas mną telepie. Chcę się już w niego zawinąć, ale głupio tak, poczekam, aż Adrian sobie pójdzie. O ile On zamierza pójść w ogóle…

– Adrian, słuchaj… Nie chciałam, żeby to wyglądało… – zaczynam, kiedy tylko wychodzi z łazienki, ale zaraz przestaję, bo czuję, co się dzieje w moim brzuchu. Chwilę potem niezręczną ciszę przerywa jeszcze bardziej niezręczne **BUUUUUUURP** prosto z moich marsza grających kiszek.

I wtedy Adrian wyjmuje mi kocyk z rąk, otula mnie nim i patrząc mi głęboko w oczy, mówi te dwa słowa, które każda kobieta pragnie usłyszeć:

– Zamówię pizzę.

Najlepszy. Facet. Ever.
(A jaki dobry w łóżku!)

ON

Drogi Pamiętniczku. Jadłem pizzę i uprawiałem seks. To była dobra noc.

Nie cierpię porządków.
Trzeba odkurzać, ścielić i myć gary…
A za jakieś pół roku
znowu to samo!

JAK WYGLĄDA IDEALNA RANDKA:

Jak zorganizować idealną randkę

1

Kup jej ulubione kwiaty.

2

No tak, nie pamiętasz, jakie to są, bo kto by to spamiętał. Kup zatem czerwone róże. Badania wykazują, że dziewięćdziesiąt procent facetów kupuje czerwone róże, bo to kolor i kwiat, który najłatwiej rozpoznają. Po co psuć te statystyki – rób jak wszyscy.

3

Znajdź wykwintną restaurację.

4

Śmieszne te ceny, co nie?

5

Pośmiane. Śmiech poprawia samopoczucie, a dobre samopoczucie to klucz do udanego wieczoru. To teraz poszukaj jakiejś mniej wykwintnej restauracji, która sprosta jej oczekiwaniom, ale nie zabije cię finansowo.

6

Nie, KFC się nie liczy podobno.

7

Znalazłeś restaurację. Menu jest po polsku, ceny są do przeżycia. Trzeba tylko zadzwonić.

8

Nie, nie da się zamówić stolika przez internet. **DZWOŃ!**

9

Okej, możesz jedną kolejkę na odwagę.

10

Załatwione. Nie było tak ciężko, prawda? To teraz przygotuj sobie strój na wieczór. To będzie łatwe, bo przecież masz tylko jeden garnitur, więc w czym tu wybierać. Sprawdź, czy nie jest pognieciony.

11

Pognieciony. **NO NIC, CO ZROBIĆ.**

12

Zadzwoń do Ukochanej i zaproś Ją na randkę marzeń.

13

Okazuje się, że umarł Jej żółw i akurat tego dnia jest pogrzeb. **ŻÓŁWIE DOŻYWAJĄ TRZYSTU LAT, DO CHOLERY**, jakie było prawdopodobieństwo, że akurat teraz ta gadzina odejdzie do żółwiego raju?

14

Trudno, dzwoń znowu do restauracji, żeby przełożyć termin.

15

Okej, możesz jedną kolejkę na odwagę.

16

Załatwione. Dzwoń do niej.

17

CO ROBISZ, ZOSTAW JUŻ TĘ WÓDKĘ!

18

Ona nie jest w nastroju na żadne randki z powodu śmierci żółwia.

19

No co się tak gapisz, musisz odwołać rezerwację.

20

Tak, możesz jedną kolejkę na odwagę, przecież już i tak wszystko jedno.

21

Odwołałeś rezerwację, a przynajmniej tak sądzisz. Zostały ci róże, ale może przydadzą się na pogrzeb.

22

A może i nie, cholera wie, jak wygląda pogrzeb żółwia.

23

Została ci też flaszka. Wiesz, co z nią zrobić.

Czasami jedyne wyjście

to wyjście na piwo.

Powiedz mi coś miłego
Jesteś moją... **gołąbeczką**
GOŁĄ BECZKĄ?!

Jak prawić komplementy

ON

W związku najważniejsze jest to, żeby się lubić. Zauważyłem, że kobiety bardziej lubią mężczyzn, którzy są obcykani na polu komplementów. A to nie jest jakieś takie przeciętne pole jak pole z żytem czy ziemniakami. Nie, nie! Pole komplementów to istne pole minowe.

Są głupcy, którzy bredzą o mapach i zagubieniu w oczach. Ba! Są nawet tacy, którzy latami wierzą, że „fajny masz tyłek" to jest właśnie to, co kobieta pragnie usłyszeć. No i w zasadzie jest. Ale, na Boga!, one to chcą usłyszeć na którejś tam z kolei udanej randce, a nie zanim dasz im szansę się przedstawić.

Lata zgłębiania tematu przez intensywne badania terenowe, długotrwałe obserwacje oraz liczne rozmowy z przedstawicielami obu płci doprowadziły mnie do pewnych wniosków w tym temacie. Oto lista pięciu ekskluzywnych, najlepszych, najskuteczniejszych i najniebezpieczniejszych komplementów:

1) Ładnie wyglądasz. (Można dodać: w tej sukience, w tym kolorze itp.).
2) Podobasz mi się.
3) Wyglądasz pięknie.
4) Lubię z tobą spędzać czas.
5) Zachwycasz mnie.

Są to komplementy, z którymi można w miarę pewnie ruszyć w życie z kobietą. Pozostałe już trzeba dobierać na podstawie własnego wyczucia i należycie oceniając sytuację. Jak ma ładne dłonie, to powiedz jej, u licha, że dłonie ma ładne! A nie że się gubisz w jej oczach, kiedy dziewczyna nosi okulary jak denka od butelek i sama się często w swoich oczach gubi. Jak kochasz jej uśmiech, to mów jej, że uśmiech kochasz! Albo włosy! Albo nogi zgrabne, albo talię osy, albo jaki tam inny fetysz masz! Szczerze jej mów! One to kochają!

...ale też nie lubią nam życia ułatwiać.

Nadchodzi taki moment w związku, że kobieta wypycha cię na to pole minowe. Zwykle robi to całkiem znienacka, ale są dwie sytuacje, które da się przewidzieć:

1) Wraca od fryzjera. I tu nie ma wyjścia jakby. Nie zauważysz, że podcięła te trzy centymetry włosów, które i tak zwykle nosi w koczku, albo przeoczysz zmianę z beżowego blondu na pastelowy blond? Nie żyjesz, chłopie. Wiadomo, należy się wtedy ratować tekstami, że: „A bo tu złe światło jest" albo „Chciałem powiedzieć, ale mnie zagadałaś i zapomniałem". Jednak bezpieczniej jest śledzić takie sprawy jak wyjścia do fryzjera i **ZAWSZE** chwalić. No, chyba że wiesz, że była u fryzjera, a teraz siedzi w kucki i płacze. To trzeba solidarnie powiedzieć, że ten fryzjer to jest świnia, ale ona i tak jest piękna, a włosy ktoś naprawi.

2) Wychodzicie gdzieś. Ona staje przed lustrem i wygładza sukienkę. Oboje doskonale wiecie, że te fałdki więcej mają wspólnego z pizzą niż z materiałem. I wtedy padają złowieszcze słowa: **CZY JA WYGLĄDAM GRUBO W TEJ SUKIENCE**? I w męskiej głowie włącza się alarm: „Oboje wiemy, że się nie wiązałem z modelką. Czego ona właściwie oczekuje?". I tutaj **NIGDY** nie odpowiadamy niczego, co ma związek z wyrazem „grubo". Ja na przykład odpowiadam: „Wyglądasz jak bogini". I ona się cieszy. Chociaż oboje wiemy, że jeśli chodzi o boginie, to wyglądem najbliżej jej do tych z obrazów Rubensa. Ale ona w głębi serca nie pyta, czy jest gruba. Ona pyta, czy kochasz. A jak kochasz, to **NIGDY NIE MÓW, ŻE JEST GRUBA**.

ONA

I gdy następnego dnia rano w piżamie wyjdę z łazienki, taka nieumalowana jeszcze i zaziewana, i wchodzę do kuchni, a On mówi: „Jaka ty jesteś ładna. Lubię cię taką z rana", to ja wtedy wiem, że kocha. I ja jestem szczęśliwym człowiekiem, co zwykle się rano nie zdarza. Ale jak nie być szczęśliwym, kiedy On tak kocha?

Ostatnio mi nawet powiedział, że wyglądam jak bogini. ♥

Bycie dorosłym to najgłupsze,

co zrobiłem w życiu.

NORMALNA POPIJAWA

WIECZÓR KAWALERSKI

Wieczór kawalerski

ON

Wieczór kawalerski Pawła. Kim jest Paweł, spytacie? To przyszły mąż przyjaciółki mojej dziewczyny. Raczej dalekie pokrewieństwo, tak mi się wydaje. Krótko mówiąc, nie znam człowieka. Ale dostałem zaproszenie, to idę. Beata od rana pisze do mnie SMS-y z pytaniem **„CZY STRIPTIZERKI BĘDĄ”**. Ja w życiu na kawalerskim nie byłem. Te historie o gołych kobietach wyskakujących z tortu czy z czegoś to prawda? Myślałem, że to tylko w amerykańskich komediach idiotycznych. Cóż, cytując klasyka, **JEST TO POŚWIĘCENIE, NA KTÓRE JESTEM GOTÓW**.

Drużba Pana Młodego to chyba bardzo zorganizowany człowiek, zawsze mnie to przeraża w ludziach. Zrobił rozpiskę wszystkiego, co będzie się działo, z dokładnością co do minuty, i rozesłał mailem. Ze szczegółowymi opisami. Jakieś cztery strony tekstu drobnym maczkiem. Założył też obowiązkowe niepubliczne wydarzenie na Fejsbuku i spisał wszystkich uczestników z imienia, nazwiska, numeru telefonu oraz adresu e-mail. Aż dziwne, że obeszło się bez PESEL-u i aktu urodzenia.

„Spotykamy się o 15.12" – pisze w mailu Marcin, czyli Pan Organizator, a niżej wkleja link do adresu Google Maps. Zaśmiałem się, że to chyba oznacza, iż mamy stawić się nie pod adresem, ale **W KONKRETNYM WYLICZONYM PUNKCIE NA MAPIE**. Potem już się nie śmiałem, bo się okazało, że to prawda. Tak samo jak godzina spotkania wcale nie była pomyłką. Na pomyłki nie ma miejsca w superdokładnym grafiku Marcina. Ja nie wiem, w jakim świecie **15.12** to **WIECZÓR**, ale nie mnie oceniać.

Gdy w końcu, długo klucząc, docieram na miejsce (pod jakiś wiadukt), wszyscy już są zebrani i czekają na polewanie wódki do plastikowych kubeczków, które Marcin skrupulatnie rozdaje. Jest nas dwunastu chłopa, przy czym organizator nie jest łatwo rozpoznawalny na pierwszy rzut oka. Najbardziej rozgadaną osobą jest nie on, tylko sąsiad Pana Młodego, Darek, który właściwie to nie był zaproszony, ale się wprosił, bo nigdy nie widział striptizu, a **BARDZO, BARDZO, BARDZO CHCE**. Wiem to, bo zdążył mi to powiedzieć chyba trzy razy, kiedy mi polewał.

Wódka na dzień dobry to mądry pomysł, myślę sobie. Wnet się zbratamy wszyscy. Chociaż nie rozumiem, czemu robimy to pod wiaduktem, zamiast w jakimś cywilizowanym miejscu. Postanowiłem podzielić się swoimi wątpliwościami z resztą zgromadzonych.

Spojrzeli na mnie jak na wariata.

– Nie czytałeś **PLANU IMPREZY**? – pyta szczerze zdumiony Darek, a Marcin przeszywa mnie takim wzrokiem, że momentalnie mam ochotę zgłosić nieprzygotowanie. – Stąd mamy najbliżej do escape roomu! Cała logistyka dzisiejszego dnia jest obliczona!

Przeprosiłem za ten nietakt i popiłem wódką zażenowanie. Cholera, trzeba było jednak przeczytać ten mail w całości. Myślałem, że po prostu będziemy pić wódkę, a tu się okazuje, że czeka mnie wieczór pełen niespodzianek. Dosłownie, bo nie czytałem **PLANU IMPREZY**.

Docieramy do escape roomu – nie wiem, czy byliście kiedyś w czymś takim. Zamykają was w pokoju i musicie wspólnie wymyślić, jak się z niego wydostać. Pokoje są przeróżne, nam się trafił rodem z filmu *Piła*. W tym momencie uderza mnie geniusz **PLANU IMPREZY**. Escape room jest pierwszy na liście atrakcji, bo na tym etapie jeszcze nie jesteśmy zbyt pijani i potrafimy jako tako logicznie myśleć. Jestem prawie pewien, że już niejeden niewłaściwie zaplanowany wieczór kawalerski skończył się tragicznie w takim pokoju, bo na przykład pijanemu panu młodemu klimat miejsca za mocno się udzielił i postanowił sobie odpiłować rękę, żeby się uwolnić od kaloryfera, czy do czego tam akurat był przykuty.

U nas wszystko poszło sprawnie, wydostaliśmy się z pokoju w przewidzianym czasie, więc Marcin jest bardzo zadowolony i mówi, ku uciesze Darka, że mamy czas na **DWIE KOLEJKI WÓDKI**, zanim przyjedzie autobus. No i słusznie. Wleźliśmy do pokoju, a potem z niego wyleźliśmy. To dobry powód, żeby się znowu napić. Autobus jest również na czas, więc Wielki Organizator aż kipi z dumy. Darek opowiada o striptizerkach, które niechybnie już na nas czekają w pełnym rynsztunku (lub jego braku). Brzmi w tym momencie jak prorok zapowiadający dojście do Ziemi Obiecanej.

Autobus odstawia nas prosto pod kręgielnię, czyli drugi etap naszego kawalerskiego maratonu. Tu już logistyka się trochę rozłazi, bo alkohol daje o sobie znać. Co chwila ktoś rzuca poza swoją kolejką, Pan Młody prawie dostał w łeb kulą do kręgli, bo zbyt długo wracał na swoje miejsce (więc było dużo **PRZEŚMIESZNYCH** żartów o tym, że **„DO WESELA SIĘ ZAGOI, HE, HE"**), a Darek tańczy do muzyki puszczanej z małego telewizorka, przy czym najwyraźniej jest mu zupełnie obojętne, co leci. Repertuar ma od disco polo po obrady sejmu. Marcin wyraźnie nie jest zachwycony naszym zachowaniem i aż czekam, kiedy wyciągnie gwizdek, żeby przywołać nas do porządku.

SMS bzyczy mi w kieszeni. Beata.

„SĄ STRIPTIZERKI?"

Odpisuję, że nie ma, chyba że liczyć Darka, który właśnie ściągnął bluzę i wywija nią jak lassem do muzyki z reklamy podpasek. Nadchodzi etap trzeci, czyli żarcie. W tym celu udajemy się do mieszkania Marcina i zamawiamy pizzę. I taka organizacja mi się podoba. Jeśli będę miał w przyszłości swój kawalerski, to zatrudnię Marcina jako organizatora. Tylko daruję sobie te kręgle i escape roomy, raczej ograniczę się do wódki i pizzy. W sumie po cholerę mi wtedy jakiś Marcin. No nieważne. Po wódce się dziwnie myśli. Do podobnego wniosku chyba doszedł Darek, bo bardzo długo o czymś myślał w kiblu, po czym wyszedł i poszedł spać w drugim pokoju. Pan Młody dzwoni po jego żonę.

– Aniu… No cześć. Wiesz, co… Darek odpłynął.

– No ja tak sądziłam, że jak zaczynacie po piętnastej, to tak to się skończy – trajkocze żona Darka na głośnomówiącym. – Zaraz po niego będę.

– Dzięki, Aniu.

– STRIPTIZERKI BYŁY?

– Jeszcze nie.

– Ojej, biedny Dareczek. On tak bardzo chciał.

No nie powiem, ja bawię się świetnie. Marcin trochę mniej, bo najwyraźniej nie planował nikogo stracić w trakcie tej imprezy, a oczekiwanie na przyjazd żony Darka mocno opóźniło nam wyjście. W wielkim pośpiechu pędzimy do uberów, które mają nas zawieźć do upragnionej Ziemi Obiecanej Darka, czyli do klubu.

Wchodzimy do tej jaskini rozpusty. Jest dobrze po 22, więc czuję, że już mnie powoli kac bierze. Teraz nie wiem, czy go zapić, czy wręcz przeciwnie – uciekać. Muzyka dudni niemiłosiernie. Hałas i duszność. Gdzieś w tym wszystkim, przy jakiejś rurze wije się kobieta. Tak przynajmniej mi się zdaje, bo już ledwo patrzę na oczy. Ni to ubrana, ni to rozebrana, jak w jakiejś reklamie prezerwatyw. Pewnie żeby coś zdjęła, trzeba wrzucić monetę czy coś. Siadamy przy stoliku. Patrzę na moich imprezowych towarzyszy. Marcin siedzi ponury, bo mu się grafik zupełnie rozjechał i pewnie już nie ma szans na złoto w kategorii Najlepszego Organizatora (czy do czego on tam może aspirować). Po większości uczestników widać, że dopadł ich już porządny kac, bo połowa pije wodę, a drinki pozostałych stoją prawie nietknięte.

Przychodzi skąpo odziana pani kelnerka-striptizerka.

– Dobry wieczór – mówi namiętnym głosem. – A co my tu mamy? Jakiś kawalerski? Kto jest szczęśliwym przyszłym mężem? – Po tych słowach wszystkie spojrzenia kierują się na Pana Młodego.

Pan Młody siedzi oparty o kanapę, z twarzą skierowaną w sufit. I chrapie.

– W czym mogę wam pomóc...? – nie poddaje się pani kelnerka-striptizerka.

– Macie kefir? – pytam niepewnie.

Nie mieli.

Wracam do domu późną nocą. Wszystko mnie boli. Ja za stary jestem na takie pijackie maratony. Byłem pewien, że Beata już będzie dawno spać o tej porze, ale nie – ledwo zamknąłem za sobą drzwi, znowu przychodzi SMS: „**BYŁY STRIPTIZERKI???**". „Były" – odpowiadam. Ona odpisuje: „No trudno, będę musiała jakoś z tym żyć".

Ja jakoś żyję.

Najgorzej, jak już przeprosiłeś,
**a ona jeszcze nie przestała
się kłócić**.

WIECZÓR PANIEŃSKI

Wieczór panieński

ONA

Wieczór panieński Magdy! Mojej Magdy! Magda wychodzi za mąż! **MOJA** Magda! Emocje sięgają zenitu i szczęście ogromne, że nie jestem druhną, bobym z nerwów zwariowała. A tak to jej siostra, Ewka, wszystko elegancko ogarnęła. Wystarczyło jej przelać na ten cel niebotyczną sumę pieniędzy (no ale na Magdę będę żałować? **MOJĄ** Magdę?!), zakupić stosowny prezent (zdecydowałam się na mały, aczkolwiek tym razem solidny pejczyk) i ruszać w tany.

Zaczynamy kulturalnie i bardzo wcześnie, bo już koło 17.30 wbijamy do lokum Ewki. Magda ma być koło 18. Maleńka kawalerka, ale w centrum, więc wszędzie potem blisko. Kilka dziewczyn już znam, choćby z widzenia. Jest Ewka, druga siostra, czyli Kaśka, Anka, Gośka, dwie Karoliny, Justyna, Patrycja i Noemi. Wszystkie odwalone i odmalowane krzątamy się przy alkoholu, koreczkach i wieszaniu balonów. Gośka za prowizorycznym barem wyczarowuje jakieś fikuśne kolorowe drinki, tort z wbitym lukrowanym penisem chłodzi się w lodówce, a przedziwnych kształtów prezenty piętrzą się wokół fotela przerobionego chałupniczo na tron przyszłej panny młodej. Wybornie.

Magda zostaje przywitana odpowiednią wrzawą i zaczynamy szaloną zabawę. Najpierw prezenty. Piszczymy jak nawiedzone przy każdej otwartej paczuszce. No ja tam nie wiem do końca, o co w tym chodzi. Normalnie jak widzę pluszowego penisa, to on mnie nie rusza wcale, że się tak wyrażę. Ale na wieczorze panieńskim jest przecież bardzo śmieszny. W ogóle ciekawa historia z tymi panieńskimi. Magda co prawda bierze ślub z Pawłem za dwa tygodnie, ale nie sądzę, żeby jej życie erotyczne jakoś specjalnie się od tego zmieniło. A tu jakaś histeryczna celebracja fallusów się odbywa. Słomki, baloniki... banany.

Magda właśnie je banana bez użycia rąk, a ja się zastanawiam, co mój luby teraz robi na kawalerskim. Ciekawe, co facet Magdy teraz je bez użycia rąk…

Mojito znika jedno za drugim, a tu już kolejna szalona zabawa – Ewka przepytała przyszłego Pana Młodego i teraz Magda odpowiada na te same pytania. Jak odpowie źle – karny kieliszek wódeczki. No ja się bawię świetnie. Pytań jest chyba ze trzydzieści, a skuteczność Magdy maleje po każdej pomyłce. Myślę, że dwóch ostatnich pytań w ogóle nie zrozumiała, bo zaczęła chichotać, wypiła i wyturlała się na balkon odetchnąć świeżym warszawskim powietrzem.

Ale w szaleństwie imprezy nie ma miejsca na przerwy! Domofon bzyczy i oto nadchodzi…

– Policjant. No ja nie wiem. Podobno jesteśmy za głośno. – Ewka mruga porozumiewawczo, a Justyna wciąga Magdę z balkonu na fotel. Znaczy ten jej tron.

Policjant nawet niezły, nie powiem. Mówi, że dostał zgłoszenie, że jakieś dziewczyny się tu źle zachowują i trzeba z nimi, znaczy się z nami, zrobić porządek.

Magda klaszcze i oczy jej się świecą. Ostatnio pewnie tak wyglądała na Gwiazdkę za czasów, kiedy wierzyła w Mikołaja. Bardziej podekscytowane są chyba tylko jej siostry. Ktoś włącza muzykę, światło przygasa, Magda dostaje w łapkę kolejnego drinka i facet zaczyna… no, rozbierać się. Ja widziałam już w życiu, jak facet się rozbiera, ale żaden jeszcze się tak sobą samym nie podniecał. Ten zdaje się mówić: „Patrzcie, jaki jestem naoliwiony, zobaczcie, jak się poruszam seksownie, dotknijcie tych mięśni…”. Ponieważ żadna jakoś specjalnie dotykać nie chce, tylko chichoczemy jak głupie do sera, Policjant zaczyna brać sprawy w swoje ręce. Dosłownie. No ja nie wiem, czy to jest bardzo sexy, jak facet bierze twoją rękę i przykłada do swojego brzucha. Nie wiem też, czy to jest bardzo sexy, jak facet jest taki lepki i poza głową nie ma żadnego włoska… ani na rękach, ani na nogach, ani… no nigdzie! Zaczynam się niepokoić poziomem jego testosteronu. I mojego też przy okazji. Tymczasem on już w samych gatkach i pasie z kajdankami i pałą (za przeproszeniem) obtańcowuje Magdę i bierze ją na ręce. Potem z nią siada na tym jej tronie, odtańcowuje jeszcze jeden kawałek (ale już nie miał się z czego rozbierać), chowa sprzęcik w torbę sportową i znika.

Kiedy drzwi za nim się zamykają, piski i chichoty zamieniają się w głośne „bleeeeee" i każda zaczyna się myć i wycierać z tej oliwki oraz powtarzać: „Już się bałam, że zdejmie te gacie". No, prawie każda. Ewka, nadal piszcząc, wciska Magdzie kolejnego drinka i biegnie po tort z penisem. Stawia go przed szanowną Panną, wszystkie inne panny (i mężatki) piszczą, a szanowna Panna... zrywa się z fotela i z prędkością amerykańskiego sprintera gna do łazienki. Dźwięki nie pozostawiają wiele miejsca na domysły...

Dochodzi 22. Wychodzę z łazienki, namierzam swojego drinka (chyba już trochę za dużo tego było) i rozglądam się po mieszkaniu. Ewka w kącie przez telefon próbuje odwołać albo chociaż przesunąć limuzynę i mówi, że wcale nie zapłaci, skoro nie skorzysta. Pan przez telefon mówi jej zupełnie inne rzeczy, ale słabo je słychać. Wszystko zagłusza głośne chrapanie Magdy, która, przytulona do ogromnego pluszowego penisa, zajmuje całą kanapę. Za nią, na balkonie, Noemi z Karoliną kopcą szluga za szlugiem i oglądają swoje tatuaże. Noemi ma je w takich miejscach, że potrzebuje innych osób do oglądania, bo sama nie ma szans. Druga Karolina z Gośką, Patrycją i Anką omawiają ostatnie odcinki serialu, których jeszcze nie obejrzałam. Nie chcę spoilerów, więc przysiadam się do stołu z Kaśką i Justyną.

– No niestety, najważniejsza jest stanowczość – mówi Kaśka, pociągając ze szklaneczki drinka przez fikuśną słomkę.

– Ale co, mam go po prostu puścić bez pieluchy? Przecież on mi wszystko w mieszkaniu pozalewa.

– No trudno. Chłopcy tacy są, niestety. Zuzia to jakoś szybko ogarnęła, dziewczynki są mądrzejsze, wiadomo, ale Leon to mi kiedyś nawet nasrał do blachy na ciasto. No mówię ci! Masakra!

W tej chwili Magda przerywa chrapanie i biegnie do łazienki. Pewnie kiedyś jadła ciasto u swojej siostry.

– Madziu, Madziu, za piętnaście minut będzie limuzyna i lecimy do klubu, OK? – szepcze Ewka z nabożną nadzieją w głosie, klęcząc przy drzwiach do łazienki.

Odpowiedź Magdy ze środka brzmi bardziej jak wzywanie szatana.

No cóż… chyba pora się zbierać… Ciekawe, jak tam mój Adrian na kawalerskim. Striptizerki też są naoliwione i każą się dotykać? Muszę kiedyś sprawdzić.

ONA

ON

Jak wytrzymać shopping

ON

W każdym związku przychodzi taki moment, kiedy Ona mówi to, czego ze wszystkiego na świecie najbardziej nie chcesz usłyszeć. No, może nie najbardziej. Pewnie są gorsze rzeczy. W każdym razie Ona przychodzi i rzecze:

– Pójdziesz ze mną na zakupy? Muszę sobie kupić nową kieckę, bo mnie czeka impreza firmowa.

I wtedy możesz odpowiedzieć tylko jedno:

– Jasne, lubię cię oglądać w kieckach.

Tak właśnie odpowiadasz. Ważne jest też, żeby twój wyraz twarzy nie zdradzał twoich rzeczywistych uczuć związanych z shoppingiem, więc najlepiej jakoś to zamaskować, odwrócić uwagę. Na przykład się uśmiechnąć. Ja rzadko się uśmiecham, więc jak już to robię, to jest to wystarczające odwrócenie uwagi. Nie bez znaczenia może być fakt, iż uśmiech mam tak zabójczy, że ilekroć jakiś fotograf robiący mi zdjęcie chce, żebym go zademonstrował, szybko rezygnuje z pomysłu i radzi, żebym nigdy w życiu tego nie robił. **PSY WARCZĄ I SZCZERZĄ KŁY, JAK WIDZĄ TEN UŚMIECH.**

No więc uśmiechnąłem się, a Ona wcale się nie zlękła, co chyba znaczy, że jest Tą Jedyną. Postanowiliśmy, że idziemy na shopping.

Sieciówki odzieżowe dzielę na dwa rodzaje. Nie wiem po co, bo oba są jednakowo koszmarne. Chyba po prostu lubię sobie systematyzować rzeczy (o czymś zresztą trzeba myśleć, jak się siedzi piątą godzinę przed damską przymierzalnią). Pierwszy rodzaj to „Sklep, który bardzo chce pomóc". Taki sklep zachęca cię gustownym designem i szeroką przestrzenią między regałami, a ochroniarz na wejściu mówi ci „dzień dobry" albo „witamy w Sklepie Takim a Takim". Zanim w ogóle zdążysz spojrzeć na jakąś półkę, już masz za plecami uczynnego sprzedawcę, który cię pyta: „W czym mogę pomóc?". Nie żadne „czym mogę służyć", to zawsze jest to amerykańskie „w czym mogę pomóc". Żebyś wiedział, że jesteś biednym klientem, który sam nie umie otworzyć pudełka z butami. Dobrze, że nie pomagają ci pieniędzy wyciągać z portfela.

Drugi rodzaj jest nie mniej udany – to tak zwany „Sklep atrakcyjny na siłę". Bardzo trendy. Bardzo cool. Bardzo młodzieżowy. Hip-hop dudni z głośników, dzieci, które tam pracują (przysiągłbyś, że nie skończyły podstawówki), gibają się do rytmu, jest strasznie ciasno, przynajmniej pięć razy potrącasz jakiś wieszak albo manekina i nigdy nie wiadomo, gdzie jest przymierzalnia. No ciężko stwierdzić, który rodzaj sklepu jest lepszy, oba są takie fajne. Zastanawiałem się, który z nich mnie czeka.

Okazało się, że oba.

PO KILKA RAZY.

Najpierw typ „pomagający". „Polecam tę torebkę, bardzo modna i praktyczna, ale nie będzie pani pasować do tych butów. Proponuję czerwone na obcasie, może te…". I otwiera nam kolejne pudełka albo podtyka pod nos kolejną absurdalnie małą torebunię w równie absurdalnej cenie. Cała podłoga usiana butami. A przyszliśmy kupić kieckę, przypominam. Jedną kieckę. Beata chyba też ma już dosyć, bo zmieniamy lokal.

Teraz typ młodzieżowy. Na wielkim ekranie nad kasą czarnoskórzy raperzy mówią brzydkie słowa do muzyki z taśmy. Tak wolno w ogóle? Jak na ulicy ci się wymsknie „kurwa", to mandat możesz dostać. Ja nie wiem. Przeciskamy się pomiędzy wieszakami z grubymi pikowanymi kurtkami, które są ustawione tak blisko siebie chyba po to, żeby podkreślić, jak bardzo te kurtki są grube i pikowane. Docieramy do sukienek. Jak łatwo było przewidzieć, wszystkie są skrojone w sam raz na bardzo chude małe dzieci, które idą na bal przebierańców albo inny cosplay. No nie wiem, kto inny mógłby się w to ubrać. Beata też nie wie. Ale za to torebkę fajną wyhaczyła. **WYGLĄDA DOKŁADNIE TAK SAMO JAK TA, KTÓRĄ MA NA RAMIENIU**, więc pewnie dlatego jej się podoba.

Wychodzimy. Mamy dwie takie same torebki i nadal żadnej kiecki. Sklep numer trzy. Tym razem buty, bo do nowej kiecki niezbędne są nowe buty, jak wiadomo. Będzie łatwiej, myślę sobie, przynajmniej nie będą mogli nas zaatakować niczym innym niż butami.

Owszem, będą mogli. Ze sklepu wychodzimy po jakichś dwóch godzinach z kolejną torebką oraz dwiema parami butów. Nadal nie mamy kiecki. Robię się głodny.

Sklep numer cztery. Na wystawie dużo bezgłowych manekinów odzianych w sukienki. To dobrze rokuje, nie jestem ekspertem, ale coś mi mówi, że tu mogą mieć kiecki. Mają. Beata wybiera kilka i idzie do przymierzalni, a ja mam siedzieć i ją podziwiać. W końcu będzie coś z sensem.

Będzie, jak tylko przyjdzie nasza kolej. Na razie jest **KOLEJKA DO PRZYMIERZALNI**. Stoimy i czekamy, aż będzie nam wolno kiecki przymierzyć. Znaczy jej, nie nam. Ale czekamy wspólnie. Po upływie wieczności Beata wreszcie dostaje się do zwolnionej kabiny, z której wysypują się przeróżne części garderoby, zostawione przez jej poprzedniczki w charakterze ozdoby. Moja Luba znika za drzwiczkami przymierzalni i rozpoczyna się rewia mody.

No co ja mogę powiedzieć o tych kreacjach? Ta jest czerwona, ta też czerwona, a ta ma duży dekolt. Wszystkie ładne. Wszystkie nieziemsko drogie. Dobrze, że nie ja za to płacę. Zachwycam się szczerze, jak na wiernego fana przystało, no bo co będę udawał, że mi się nie podoba piękna kobieta w ładnych sukienkach. Beata traktuje to chyba jednak zbyt dosłownie, bo okazuje się, że kupuje wszystkie. Tyle dobrego, że już koniec. Boże, jak mi się chce jeść.

Po wyjściu z odzieżowego zahaczamy o market. Głód podpowiada mi, że powinienem kupić **KAŻDE JEDZENIE, JAKIE ZOBACZĘ**, więc szybko zapełniam koszyk. Po drodze kupuję piwo na wieczór, bo idę do brata. Bycie facetem jednak jest takie proste. Wchodzisz do sklepu, kupujesz to, co chciałeś kupić, wychodzisz. Można? Można.

Kiedy mnie pytają, co jest ważniejsze:
jedzenie czy miłość, nie odpowiadam,
**bo nie mówi się
z pełnymi ustami**.

Przecież mogłeś to wziąć na dwa razy
Nie, nie mogłem!
A te, co masz na plecach, to mają kółka. Mogłeś...
Nie, nie mogłem!

Jak wytrzymać z mężczyzną na shoppingu

ONA

Faceci to tacy są, że nawet jak im się uda już stworzyć miłą atmosferę, to na koniec wszystko muszą spieprzyć. Obejmie cię taki, spojrzy ci głęboko w oczy... po czym powie, że musi do kibla. Śmieszek pierdzielony. Albo siedzicie w kinie na komedii romantycznej, ale takiej jakiejś fajnej, no wiecie, brytyjskiej. A on się śmieje! Znaczy ja rozumiem, w końcu to komedia, **ALE TRZEBA ZARAZ SIĘ DRZEĆ JAK MAŁPA NA GAŁĘZI**? Oni w komediach romantycznych to doceniają (w najlepszym przypadku) tylko aspekt komediowy. A co się stało z romantycznym?

Ale jeszcze gorsza od takiego śmieszkowania w nieodpowiednim momencie jest **MĘSKA DUMA**. To jest zjawisko, które potrafi popsuć wszystko. Wybrałam się ostatnio z Adrianem na zakupy. Wiadomo, że to nie jego bajka – moja zresztą też, od samej muzyki puszczanej w galeriach handlowych boli mnie głowa, **NO ALE TRZEBA PRZECIEŻ CZASEM KUPOWAĆ RZECZY**, nie uciekniemy przed tym. I tutaj mój facet miło mnie zaskoczył, bo ja go pytam:

– Pójdziesz ze mną na zakupy? Muszę sobie kupić nową kieckę, bo mnie czeka impreza firmowa.

A On się uśmiecha i odpowiada, zupełnie bez zająknięcia:

– Jasne, lubię cię oglądać w kieckach.

TAK WŁAŚNIE NALEŻY ODPOWIADAĆ. I ja od razu czuję, że to był dobry wybór, że to taki facet, z którym można życie spędzić, bo On lubi mnie oglądać. Nawet w sklepie.

Ruszyliśmy więc na shopping. Pewnie już sobie wyobrażacie, co on robił na tym shoppingu – że się krzywił, że marudził, że ostentacyjnie patrzył na zegarek... **NIC Z TYCH RZECZY WŁAŚNIE.** Zachowywał się jak zaprzeczenie stereotypowego faceta. Siedział przed przymierzalnią jako ta widownia tudzież krytyk mody, a ja co chwila otwierałam kurtynę i się prezentowałam w kolejnych kreacjach z typową dla mnie gracją i urokiem. Kupiliśmy **TRZY** kiecki, bo nie mogliśmy się zdecydować, w której wyglądam najbardziej szałowo, do tego dwie pary butów i dwie torebki. A co. Jak szaleć, to szaleć. Z takim facetem to ja chyba nawet polubię zakupy. A jak sprawnie poszło, jak sama kupuję, to myślę i myślę, i w końcu po sześciu godzinach wychodzę wielce nieszczęśliwa z butami, które mi nie wchodzą na nogę. A teraz? Raj! **NAJLEPSZY WIECZÓR OD DAWNA.**

...by był. Bo jak mówiłam, oni zawsze na koniec muszą coś popsuć. Muszą. Jakby nie popsuli, toby byli chorzy chyba. Wychodzimy z obuwniczego, a On mówi, że idzie dziś do brata na piwo, więc musi się zaopatrzyć w alkohol.

– Okej, to ja pójdę z tymi ciuchami do domu już – mówię mu.

– Nie no, gdzie będziesz to dźwigać sama, ja ci zaniosę. Tylko wpadnę szybko do marketu, piwo kupię – odpowiada mój dżentelmen.

Idziemy zatem na piętro, do marketu. Mam paragony na wszystkie moje dzisiejsze zdobycze, więc się nie obawiam, że jakiś ochroniarz będzie robił problemy. Docieramy do regału z piwem. Myślę sobie – weźmie jakiś sześciopak i spadamy.

A guzik. On będzie teraz myślał i cmokał nad tymi butelkami. Że „może na początek porter, bo mocny". Potem jakaś APA, „ale tylko jedna, bo to gorzkie, to dużo się nie da wypić". A tu jakiś pilsner, co On go nie pił, to weźmie. Czy może nie, może jednak tego lagera. Myślałby kto, że On się zna na tym w ogóle. Stoimy tak od jakichś dwudziestu minut, a On co chwila podmienia jedną butelkę z koszyka na inną. A ja z tymi siatami stoję jak głupia. Równie dobrze mogłam je już dawno sama zanieść do domu.

Skończył. Skompletował ten swój koszyczek dla chorej babuni. Idziemy do kasy. Po drodze dorzuca jeszcze, co mu wpadnie w ręce – kabanosy, dżem śliwkowy, śledzie, pączek, oliwki... Nie wiem, co

On zamierza z tego przyrządzić, ale chyba coś na przeczyszczenie. A ja lecę za nim z moimi zakupami, bo przecież nabrał tego tyle, że nic więcej nie uniesie. Ale ma plecak, to weźmie swoje rzeczy na plecy, a moje w ręce. Nie jest to może najmądrzejszy pomysł, ale sam chciał przecież. Nic nie mówię, bo jeszcze **MĘSKĄ DUMĘ** urażę. Z męską dumą to się trzeba obchodzić jak z jajkiem. Z jajkami (he, he). Docieramy do kasy – tu chociaż szybko poszło, **BO PIWA W KOŃCU WZIĄŁ JEDNAKOWE W PROMOCJI**, po co było pół godziny myśleć? Nie wiadomo. Pora płacić.

On nie ma pieniędzy.

Przysięgam, poszedł na zakupy bez pieniędzy. Ma kartę, ale na karcie też nic nie ma, bo „wypłata się opóźniła w tym miesiącu". **JA Z NIM PRZYSZŁOŚĆ CHCIAŁAM WIĄZAĆ?** Przecież umrzemy w nędzy, skoro On w niecały miesiąc umie się pozbyć całej swojej pensji i nawet nie zauważyć. No nic, płacę za niego. Cały nastrój diabli wzięli. Przeciskam się wściekła przez bramkę.

Bramka podnosi alarm. Oczywiście.

Jeszcze przed chwilą byłam Boginią Mody, która wraca z shoppingu ze swoim Księciem z Bajki. Teraz jesteśmy parą złodziei, których za moment zgarnie ochrona. Idzie do nas jakiś wąsaty Janusz. Zaczyna się cały ten upokarzający spektakl. „Proszę przejść przez bramkę bez torebek". „Okej, a teraz z tą torebką". „A teraz z butami..." **REWIA MODY NORMALNIE.** Czasem mi się zdaje, że ci ochroniarze mają piloty do tych bramek i je włączają wtedy, kiedy chcą sobie porobić z kogoś jaja.

Poprzechadzałam się tam i z powrotem z różnymi torebkami pod ręką. Bramka milczy.

– I co to znaczy? – pytam Janusza.

– Nie wiem. Mogą państwo iść.

Na miejscu właściciela tego supermarketu na pewno byłabym spokojna o towar z tak niezawodnym systemem ochrony. Dobrze, że mnie macać nie chciał. Opuszczamy to miejsce smutku i porażki. Idziemy do mnie do domu. Przynajmniej już siatek nie dźwigam. On dźwiga. Razem z tym piwem na plecach. I stęka. **NO PEWNIE TO MOJA WINA, ŻE TYLE TEGO NAKUPIŁ.**

Ledwo żyję. Chcę tylko wrócić do domu, wyskoczyć z tych niewygodnych butów oraz stanika i otworzyć wino. Na uspokojenie. **A, NIE MAM WINA PRZECIEŻ. MOGŁAM KUPIĆ W MARKECIE, ZAMIAST OGLĄDAĆ TEN PIWNY SPEKTAKL.** No trudno. Będę leżeć trzeźwa. Ważne, że leżeć. Chciałam się pożegnać z Adrianem pod windą, ale gdzie tam! Jedzie ze mną. On mi musi do mieszkania te torby dostarczyć. Stękając i sapiąc. Męska duma to straszna choroba.

Dotarliśmy. Torby na podłodze. Stoję w drzwiach. Czekam na to buzi na do widzenia, żeby być już wolną i się zamotać w jakieś kocykowe burrito z Netfliksem. Czekam.

W końcu mój Ukochany, mój Rycerz na białym koniu przemawia do mnie w te słowa:

– Mogę wziąć prysznic u ciebie? Strasznie się spociłem i **ŚMIERDZĘ**.

Pozwoliłam mu w zamian za trzy piwa z jego plecaka. Muszę się znieczulić po tym shoppingu.

Może jednak zapytać o drogę?
Eee, nie, na pewno **już blisko**

Jak podróżować samochodem i nigdy nie pytać o drogę

ONA

Wesele się zbliża! Znaczy nie nasze, ale i tak to **BARDZO WAŻNA SPRAWA, BO TO WESELE MAGDY**! Dobrze, że druhną jest jej siostra, bobym chyba zeszła na zawał z emocji, jakbym musiała coś tam jeszcze robić w tym kościele (poza olśniewaniem urodą). Adrian zawiezie nas swoim autem, więc w ogóle super, nie będziemy musieli nocować na żadnym wypizdowie, tylko wracamy do domu kulturalnie. Ale się cieszę, to będzie supernoc!

ON

Wesele się zbliża... Szczęśliwie jeszcze nie nasze, ale i tak gruba sprawa, bo to wesele Jej najlepszej przyjaciółki. Magda ogólnie jest w porządku (tylko strasznie hałasuje), ale ma ogromną rodzinę na wsi, więc nie mam złudzeń co do tego, jakiego typu to będzie impreza. Są dwie sytuacje społeczne, w których podejrzewam, że odnajdywałbym się **JESZCZE GORZEJ** niż na wiejskim weselu. Pierwsza to praca w gimnazjum. Druga to wojna. Na szczęście gimnazja znowu zlikwidowali, a wojny – odpukać – już dawno nie było. Niestety na wesela jestem skazany. I co gorsza, będę prowadził samochód, więc doświadczę tego wszystkiego **ZUPEŁNIE NA TRZEŹWO**. To będzie długa noc.

Jesteśmy spóźnieni, oczywiście, więc pędzę moją wysłużoną skodziną na skróty przez jakieś wertepy, bo GPS mi powiedział, że tak zaoszczędzimy piętnaście minut. Emocje sięgają zenitu. Beata to sobie chociaż wypiła przed jazdą kieliszek na odwagę, dobrze jej. Znaczy dobrze jak na kogoś, kto jedzie piętnastoletnim rozpadającym się gruchotem. To jej pierwsza styczność z tym arcydziełem motoryzacji. Jeśli do tego momentu miała jakieś złudzenia co do mojej sytuacji finansowej, to chyba właśnie je rozwiałem. Ale jakby mimo to chciała mnie poślubić kiedyś w przyszłości, to przynajmniej będę miał pewność, że nie robi tego dla pieniędzy.

Prędzej z litości.

Dojechaliśmy na jakiś koniec świata czy czegoś. Nigdzie drogi ni kurhanu. Tylko pole, błoto i jakaś chałupina, która się ostała chyba ze średniowiecza jeszcze. Aż słyszę w głowie mojego ojca, jak mówi, że „gdyby miał tu mieszkać, toby się własną pięścią zabił". Też mnie myśli samobójcze nachodzą, jak na to patrzę. GPS oszalał, nie dziwię mu się. Ona milczy. Za to ją właśnie kocham, najgorzej, jak w takiej sytuacji ktoś ci zaczyna biadolić nad uchem. **MUSZĘ POMYŚLEĆ, CO ROBIĆ.** Jakiś podejrzany dziad się na nas gapi. Raczej nie wyglądamy w tej skodzie na kogoś, kogo warto obrabować, więc chyba nie ma powodów do obaw. Gdzie ja mam mapę? Trzeba znaleźć drogę metodą tradycyjną, bo na ten zgłupiały GPS to dziś nie ma co liczyć.

Wyciągam mapę drogową ze schowka. Chwila pobieżnej lektury i już wiem wszystko. To przed nami, co wygląda jak błoto, to niby droga. GPS dobrze prowadził, to rzeczywistość okazała się rozczarowująca. Po prostu musimy się przebić przez te wertepy i wyskoczymy na szosę, jakieś pięć kilometrów od kościoła. **WSZYSTKO WIEM, JEDZIEMY.**

I wtedy oczywiście, jak rzep psiego ogona, uczepia się ten dziad.

– Pomóc co może? – zagaduje.

– Dziękujemy, już wszystko wiem – odpowiadam, wskazując na mapę.

– Państwo na wesele pewnie – mówi dalej, patrząc na nasze stroje szałowe. – To źle pan jedziesz, lepiej zawrócić i potem prosto, w prawo, w prawo, jak będzie most, to za mostem od razu znowu w prawo i potem to będzie tak: lewo, lewo i w prawo.

Zgubiłem się przy drugim w prawo, więc odpowiadam:

– Ale ja tu mam na mapie, że prosto tą drogą wyskoczę na szosę i potem tylko jeden zakręt…

Dziad chwilę milczy, po czym mówi:

– No, tak też się niby da.

Logika ludzi mnie zadziwia czasem. Podziękowałem i ruszyliśmy przez wertepy. Minęło może z dziesięć minut, kiedy – zgodnie z mapą – wyskoczyliśmy na szosę i chwilę potem wysiedliśmy pod kościołem. Otwieram mojej damie drzwi, Ona mi mówi „wspaniała podróż, dziękuję ci bardzo”, a ja czuję, że coś zrobiłem, jak należy, zachowałem się jak prawdziwy mężczyzna, który wybawił swoją niewiastę z opresji. Teraz to nawet to wesele mi niestraszne.

ONA

NO WIĘC JESTEŚMY SPÓŹNIENI OCZYWIŚCIE, bo Adrianowi GPS kazał jechać przez jakieś nieludzkie wertepy. Pewnie, jakbyśmy pojechali normalnie, to już dawno bylibyśmy na miejscu. Trzęsie niemiłosiernie, fryzura układana przez trzy godziny na pewno dawno mi oklapła i mam wrażenie, że ten samochód zaraz się rozleci. W dodatku dostałam czkawki. Pewnie przez ten „jeden kieliszek na odwagę”. Nie mam czym zapić, więc próbuję wstrzymać oddech, ale nic to nie daje. Czkawka zawsze wie, kiedy jest najgłupsza pora, żeby się pojawić.

Dojechaliśmy na jakiś koniec świata czy czegoś. Nigdzie drogi ni kurhanu. Tylko pole, błoto i jakaś chałupina, która się ostała chyba ze średniowiecza jeszcze. Moja matka byłaby zachwycona, zaraz bym usłyszała, jak to za jej czasów się krowy pasło i wykonywało inne niedorzeczne wiejskie aktywności. Stoimy. Adrian się wścieka na GPS. Ja się nie odzywam, bo walczę z czkawką. O, jakiś chłop, można by go spytać o drogę. Na pewno wie więcej niż my. Ale nie, Adrian mapy szuka. Facet to jest jednak inny gatunek człowieka. Jakby go postrzelili na wojnie, to też by do medyka nie zagadał, tylko sam by sobie tę kulę wydłubywał? Jezu, wyobraziłam go sobie na wojnie i mi się czkawka nasiliła.

Chłop się nad nami zlitował i puka w okno.

– Pomóc co może? – zagaduje.

– Dziękujemy, już wszystko wiem – odpowiada mój Wybranek, przez którego pewnie mnie niedługo wilcy zjedzą na tym zadupiu.

– Państwo na wesele pewnie. – Chłopina jest niezrażony. – To źle pan jedziesz, lepiej zawrócić i potem prosto, za mostem w prawo i potem w lewo i jeszcze raz w lewo.

No to myślę sobie, że zawracamy, po co ryzykować życie na tej drodze do piekła. Nic z tych rzeczy. Adrian idzie w zaparte.

– Ale ja tu mam na mapie, że prosto tą drogą wyskoczę na szosę i potem tylko jeden zakręt... – mówi. Mam ochotę zdzielić go tą durną mapą przez łeb.

Dziad się ostatecznie poddał i powiedział, że „tak też się niby da". **NO TO NIE BRZMIAŁO ZBYT PRZEKONUJĄCO, CO NIE?** Trochę jak „teoretycznie jest to możliwe, ale w praktyce nikt nie uszedł z życiem jak dotąd". Dlaczego więc tam jedziemy? **DLACZEGO ON CHCE MNIE ZABIĆ?**

Pół godziny trzęsienia na wertepach, które dłużyło się jak wieczność. Wszystko mnie boli, z fryzury nic nie zostało. Jestem tak zmęczona, że nawet nie mam siły czkać. Dobrze, że mam kilogram tapety na twarzy, to chociaż nie widać, że jestem czerwona z wściekłości. Wydostawszy się z samochodu, mówię tonem pełnym sarkazmu: **„WSPANIAŁA PODRÓŻ, DZIĘKUJĘ CI BARDZO”**, i udajemy się do kościoła. **DZIĘKI BOGU, ŻE NIE JESTEM DRUHNĄ.** Może uda nam się schować gdzieś z tyłu i nikt nie zobaczy, że wyglądam, jakby mnie w lesie napadli. Teraz to już mi się odechciało całego tego wesela.

Jeśli naprawdę kogoś kochasz –
nie budź.

O, dobrze w tym wyglądam!
Szkoda, że **nigdy więcej tego nie założę** w związku z tym
O, dobrze w tym wyglądam!
Będę to nosił tak długo, **aż zacznę wyglądać jak dziad**. I jeszcze dłużej

Jak przeżyć na weselu na trzeźwo

ONA

Byłam w życiu na niejednym ślubie. Co więcej, byłam w życiu na niejednym weselu. I **ZAWSZE** byłam zadziwiona tym fenomenem polskich wesel. Zaczyna się od przecudownej sukni, która (wliczając wiecheć, buty, makijaż i fryzurę) pochłonęła minimum dwie pensje panny młodej. Jest elegancki pan młody, są limuzyna, szampan, pięknie udekorowana sala i wystrojeni goście. A i tak wszystko się kończy na pijackim kankanie, przekładaniu jaja przez nogawki spodni albo podawaniu sobie wałka między kolanami. Co gorsza, większość z tych wesel musiałam przeżyć jako tak zwana singielka (no nie będę ściągać jakiegoś kolegi na siłę, bo to wtedy kopertę trzeba podwoić i nikt na tym dobrze nie wychodzi) i/lub kierowca. Czyli **NA TRZEŹWO**. O ile tradycyjne polskie wesele na nietrzeźwo (nawet wliczając bóle egzystencjalne dnia następnego) jest łatwo przeżyć, bo pamięta się głównie te eleganckie początki, o tyle nawet po latach ciężko wymazać z pamięci pewne sytuacje, których świadkiem się było na trzeźwo. Na przykład jak się było jedyną trzeźwą osobą na sali o czwartej nad ranem, a jakiś zezowaty stryj pana młodego prosił mnie do tańca i w tym tańcu kazał sobie patrzeć w oczy. Oba naraz. Czy też mina wujka, któremu na twarz naciągnięto pończochę. I inne takie.

Ale nie u Magdy! U Magdy było całkiem przyjemnie i elegancko. Sama Magda była zjawiskowa w prostej koronkowej sukni. Na głowie nowy rudy, w dłoni pęk czerwonych goździków i róż. Panna młoda z „Vogue'a" normalnie. Powiedziałabym, że Carrie Bradshaw przy niej wyglądała w sukni ślubnej jak upiór, ale akurat filmowa Carrie Bradshaw chyba miała wyglądać w sukni ślubnej jak upiór. Udało się. A Magda? Ach! No anioł, nie kobieta! Tylko taki bardziej sexy anioł. Nie taki goły, pyzaty grubasek jak w kościele na suficie był, oczywiście…

A wesele? Jakie piękne wesele! Sala w bielutkim odrestaurowanym pałacyku, kulturalny didżej, który nie katuje ludzi disco polo, pomost nad jeziorem oświetlony sznurami lampek... Że o open barze nawet nie wspomnę. Wesele idealne. Tym idealniejsze, że nie byłam sama.

Co prawda po tych całych wertepach i przygodach z GPS-em miałam ochotę Adriana zostawić na przykościelnym cmentarzu, ale ja jestem niesamowicie spokojnym człowiekiem i do końca ceremonii w kościele to mi nawet przeszło. Po co to się gniewać? Ostatecznie mnie dowiózł, gdzie miał dowieźć. Nawet na czas. Wszyscy żyjemy. A poza tym jak ja bym go tam zakopała wtedy, to może już nigdy bym nie miała takiego pięknego ślubu jak ten Magdy.

No i dzięki obecności Adriana mogłam sobie bezkarnie potańczyć na weselu. Bez krępującego zderzania się częściami ciała, bo skąd ja mam niby wiedzieć, dokąd mnie ten partner prowadzi. Z Adrianem jest całkiem inaczej. On tańczy jeszcze gorzej niż ja. Więc po prostu stajemy blisko siebie, szuramy nogami zupełnie niezależnie od muzyki, w przypływach szaleństwa wtrącając jakiś obrót.

I w ogóle nas nie obchodzi, co ludzie pomyślą! A niech nie myślą!

Gdzieś tam w trakcie wesela przycupnęłam sobie i się dosiadła babcia Magdy.

– Za mało grają disco polo. Nikt się nie bawi – oznajmia autorytatywnie.

Patrzę na parkiet. Kilkanaście par wiruje przy *Twist and Shout* Beatlesów. Mnie to wygląda na zabawę. Ale co ja się z babcią panny młodej będę kłócić. Mruknęłam coś, że bardzo przyjemne wesele i że iść muszę tam, gdzie mnie nie ma. To jest często powtarzana bzdura o weselach. Że musi być disco polo. „**KAŻDY** mówi, że nie lubi, nie słucha, a potem na weselu wszyscy nagle znają i się bawią najlepiej". No właśnie nie. Znaczy jest tak, że po pewnej ilości alkoholu niektórzy potrafią się bawić przy wszystkim (ja nadal nie), ale przy Krzysztofie Krawczyku więcej widuję osób radosnych niż przy „taka, taka sexi bomba". Ja pamiętam nawet, jak kiedyś narąbany równo stryjek porzucił stryjenkę na weselnym parkiecie, mówiąc: „Co? Ja bara-bara tańczył nie będę". Im większe ktoś ma pokłady osobistej godności, tym trudniej je alkoholem wypłukać do reszty. Z drugiej strony, im więcej disco polo, tym więcej wódki trzeba wypić, żeby się bawić, a im więcej wódki zostanie na weselu wypite, tym większe szanse, że ktoś się na to turlanie jajek w spodniach zgodzi.

A babcia Magdy na weselu i tak nie tańczyła od dwudziestu lat.

I byłoby to wesele zupełnie, całkowicie idealnym wspomnieniem, gdyby nie ten jeden weselny feler. Oczepiny właściwe, czyli rzucanie welonem. Magda nawet welonu nie miała, tylko jakiś taki ni to stroik, ni to woalkę. Nijak tym rzucać, więc rzucała kwiatami. Didżej zaprosił panny na parkiet. My to wszystkie doskonale znamy. My to znamy od wielu lat. To wychodzenie na szafot. Póki masz kilkanaście czy dwadzieścia lat, to jeszcze wychodzisz na luzie. Koło trzydziestki już czujesz się jak na targu bydła trochę. A cóż to za sztuki nam tu się ostały jeszcze? No proszę, proszę... Więc my tam wszystkie na sali (a ja dobrze wiem, że było nas tam niemało) tak bardziej w kąt się wcisnęłyśmy, licząc, że jednak nie zostaniemy wywołane. Kilka sztuk przytomnie umknęło do łazienki. Ja się wcisnęłam za plecy Adriana. Widzę stamtąd, jak kilka panien jest wywlekanych na parkiet. Szczególną nadgorliwość w tym zawsze przejawiają młode mężatki. Machają tymi swoimi zaobrączkowanymi paluszkami i rzucają: „Aniu! A ty czemu nie idziesz? Chodź, chodź!". Ale tym razem ufff! Udało się! Mogę bezpiecznie obserwować całe zajście zza pleców **MOJEGO MĘŻCZYZNY**. On mnie nie wyda. On rozumie.

Magda rzuca. W sam środek panieńskiego tłumku. Różowo-miętowy kłąb panien rozstąpił się niczym Morze Czerwone, zostawiając czerwony bukiet na podłodze. Boże! Biedna Magda! Druhna podnosi jej ten bukiet, żeby mogła rzucić drugi raz. I wtedy dociera do mnie, że muszę się wykazać odwagą cywilną. Że nadeszła właśnie próba przyjaźni. Test, którego nie mogę oblać. Wychodzę. Gotowa zacisnąć zęby i złapać ten bukiet. Dla Magdy. W imię przyjaźni.

Przybyłam, zobaczyłam, no i, powiedzmy, że zwyciężyłam.

Magda mnie wyściskała należycie jako tę nową pannę młodą. Didżej ogłosił, co trzeba, i wychodzą kandydaci. W sumie miło tak stać z kwiatami i patrzeć, jak faceci się o ciebie biją. Ale nagle myślę: „A co, jeśli się bili nie będą? Co, jeśli się rozstąpi to Morze Czarne garniturów?". I zaczynam wywoływać wzrokiem tego mojego. Moje oczy mówią: „Łap tę muszkę, łap, jeśli ci życie miłe!". Chyba odczytał. Chyba życie mu miłe. Wychodzi. Staje w tym tłumku. Zamieram w oczekiwaniu. „Złap to, złap to, błagam cię, złap to, nie zostawiaj mnie z tym samej". Muzyka przestaje grać. Muszka wylatuje w powietrze, prosto w stronę Adriana…

Nie uciekał, trzeba mu to przyznać. Ale nie miał szans w ogóle z głupkowatym pryszczatym czternastoletnim kuzynem Pawła, który wyskoczył jak sprężynka i muszkę zgarnął nader zgrabnym jak na nastolatka ruchem. Pomna na moje wcześniejsze doświadczenia weselne, miałam niejakie obawy, że teraz to mnie już jakieś turlanie jajek nie ominie, ale przecież to było wesele Magdy! Wspaniałe wesele Magdy! Musiałam z typkiem „tylko" zatańczyć na oczach wszystkich, a potem zostałam bezpiecznie oddana w ramiona mojego Adriana. Więc z wrodzonym sobie wdziękiem machnęłam mu tym bukietem przed oczami i mówię:

– No cóż… okazuje się, że ja będę następna.

A On na to z uśmiechem:

– A ja nie.

Trzeba go było jednak zakopać, jak była okazja.

Mózg jest niesamowity,
pracuje non stop, 24 godziny na dobę,
7 dni w tygodniu,
a potem się zakochujesz.

KIEDY MIESZKASZ Z KOBIETĄ

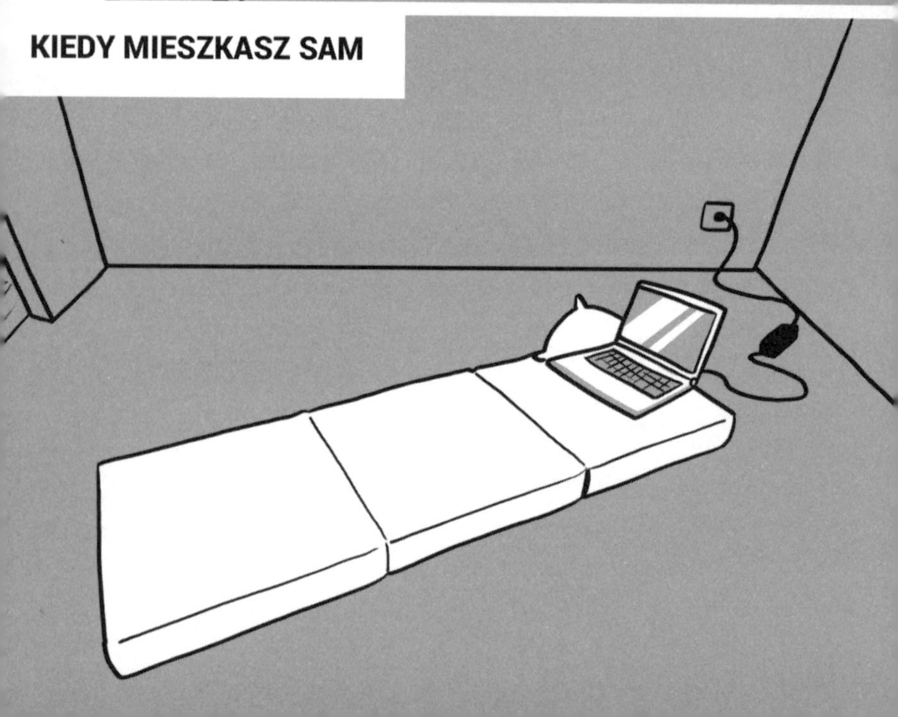
KIEDY MIESZKASZ SAM

Rudy się żeni

ON

Michał się oświadczył. Nie mnie, oczywiście, ale moje życie też wywala do góry nogami. I mnie wywala całego jakby. Niby tego wprost nie powiedział, ale w zaistniałej sytuacji muszę się przecież wyprowadzić od niego.

I po co to wszystko? Źle nam było razem? Każdy robił, co chciał i kiedy chciał. Byliśmy jak Joey i Chandler. Bałaganu nikt się nie czepiał. Jak do któregoś z nas przychodziła kobieta, padał przy drzwiach magiczny tekst: „Kochanie, zapomniałem ci powiedzieć: mój współlokator to straszny bałaganiarz". I choć w głębi duszy wątpię, że któraś uwierzyła, że to współlokator zostawia skarpety pod łóżkiem tego drugiego, to taki tekst miał moc rozgrzeszenia. A kto teraz Michała rozgrzeszy?

Sześć lat wspólnego mieszkania, a on to wszystko tak po prostu przekreśla? I to dla kogo? Dla kobiety?!

Ja nie powiem, że to jakaś zła kobieta jest. Całkiem fajna z niej Aśka. Trochę za chuda, ale w sumie ładna. *Star Warsy* ogląda, pizzę lubi, nie papla cały czas jak potłuczona. Ale po co od razu ślub brać? Że dwa lata już są razem? Mamy kurz, który jest w tym mieszkaniu dłużej niż dwa lata. A przecież nic z nim nie podpisywaliśmy, że tak już zostanie.

I gdzie ja teraz mam się podziać? Rodzina w Holandii. Kraj wariatów. Ja tam nie chcę.

Sprawdzić ogłoszenia, czy ktoś nie szuka współlokatora? Z obcym zamieszkać? A jak jakiś psychopata mi się trafi? To gdzie ja się podzieję, jak będzie trzeba od niego uciekać? Tułać się będę?

Samemu coś wynająć? Strasznie drogo. Kawalerka w tym mieście mi całą pensję zeżre. A ja też muszę coś żreć jeszcze. I się rozerwać czasem.

A może do Niej się wprowadzić? W sumie fajnie by było. Ona ma mieszkanie po babci, więc za wynajem nie płaci. Tylko bym się dołożył do czynszu i rachunków. Czysty zysk dla obojga. Lokalizacja świetna – nawet bliżej bym miał do pracy niż teraz.

No i jak o tym pomyśleć, to w ogóle klawo by się z nią mieszkało. Nie można powiedzieć, że jest jakąś perfekcyjną panią domu, więc i mnie chyba ze szczotą nie będzie ganiała. Poza tym fajnie by było mówić jej „dzień dobry" każdego ranka, pić razem kawę i narzekać na wstawanie rano... Nawet bym jej jajecznicę mógł smażyć i po bułeczki ciepłe czasem chodzić... A po pracy co wieczór wracać do niej, poprzytulać się, obejrzeć film, iść razem do łóżka... W sumie czemu ja na to wcześniej nie wpadłem?! Boże! Jak można chcieć mieszkać z jakimś Michałem, skoro można mieszkać z **KOBIETĄ**?!

Tylko jak o to spytać, żeby się przez przypadek jednocześnie nie oświadczyć...?

Już myślałam, że się zakochałam.
Ale kupiłam czekoladę i mi przeszło.

Przepraszam za wszystko,
co powiedziałam,
gdy byłam głodna.

Jak możesz nie pamiętać, **ile masz lat**?
Przecież to się zmienia co roku

Jakie daty są ważne

ONA

– Magda! Ty wiesz, co dziś jest?

– Yhyyyy… Wtorek.

– Ty **NIC** nie rozumiesz! Dziś jest 16 stycznia! W sobotę dwudziestego będzie pół roku od naszej pierwszej randki! **PÓŁ ROKU!** Rozumiesz?! **JAK TO NIE JEST POWAŻNY ZWIĄZEK, TO JA NIE WIEM, CO TO JEST!**

– Weź zluzuj majty. Mam w domu nadmuchany balon i otwartą butelkę wina o dłuższym stażu.

– Łżesz!

– Nie no, trochę przesadziłam. Ale balon mam. Tam w przedpokoju. Co stołek by trzeba podstawić, żeby go ściągnąć.

– No bez jaj! I nadmuchany jest?

– No nie jest już taki jędrny, he, he, he, jak wtedy, ale jeszcze w górę sterczy, nie w dół.

– He, he, he, he!

– Ha, ha, ha, ha!

– Boże! Magda! Weź nie zmieniaj tematu! To jest najprawdziwszy i najpoważniejszy związek! Na dodatek **GDZIEŚ** wychodzimy w sobotę i On mi nie chce powiedzieć gdzie. Czy ja mam się wystroić? Czy On mi się będzie oświadczał w miejscu publicznym?! Boże! Przecież w sukience ja se tyłek odmrożę! Ale jak tam jest jakiś skrzypek zatrudniony i wszyscy będą na nas patrzeć i brawa bić, to jak ja będę w dżinsach wyglądać?

– No niestety, bejbe. Nie ma wyjścia. Tyłek odmrażasz. Jak wszystko pójdzie zgodnie z planem, to on ci go potem i tak rozgrzeje.

– Fakt. Ej, ale już ślub to nie ma mowy, że zimą.

– Nie no, nołłej.

– Ale to tak latem od razu brać?! To za pół roku! To zaraz po twoim by było! Jak to ogarnąć wszystko? Koronkowa suknia na wymiar... Sala... Goście... Zaproszenia... Tort...

– Open bar, nie zapomnij!

– Bo moją druhną będziesz, no nie?

– No jasne.

– Jezu! **A JAK NIE ZDĄŻĘ SCHUDNĄĆ?!** Pewne rzeczy się załatwi gorsetem, ale nie wszystko!

– Bejbe, bejbe, oddychaj! Nie panikuj! Zawsze ślub można wziąć w przyszłym roku.

– Ale w przyszłym roku będę już staraaaaaaaaaaaa!

– No to nie masz wyjścia. Batonik do kosza.

– Ej! Skąd wiedziałaś?

– Bejbe, ja z tobą to już się nieco dłużej niż pół roku użeram. To jest dopiero poważny związek.

ON

Dżizas! Już 16 stycznia! O mało bym nie zapomniał! Dwudziesty już w sobotę.

Trzeba zrezygnować z abonamentu na Netfliksie, bo mnie za następny miesiąc policzą.

Męskie		Kobiece
„za 5 minut będę w domu"	=	**„za 5 minut będę gotowa"**

PRZYMIERZALNIA
Sama już nie wiem...
W końcu to nasza **półrocznica**...
PRZYMIERZALNIA
Ta sukienka byłaby fajna, **ale mi do butów nie pasuje**...
PRZYMIERZALNIA
A z kolei ta **pudroworóżowa** będzie się gryzła z **oliwkową** torebką...
Czy ty się dla mnie stroisz, czy dla **jakiejś drugiej kobiety**?

PÓŁROCZNICA – jak bardzo panikować

ONA

No i nadszedł ten dzień. Nasza pierwsza półrocznica. Niby marzec się zaczął, ale wiosnę zwiastują tylko psie kupy coraz gęściej wyłaniające się spod znikających plam szarego (miejscami żółtego) śniegu. Nic to! Żadne psie gówno nie zepsuje mi tej chwili. Mój chłopak zabiera mnie do jakiejś znakomitej restauracji (mam nadzieję, że tym razem nie francuskiej) i ma mi coś ważnego do powiedzenia. Ponieważ trochę się już znamy, mogę chociaż bezpieczne, uciskowe, babcine ciepłe majty pod sukienusię włożyć. Sukienusię kupiłam specjalnie na tę okazję, ale coś mi mówi, że ta inwestycja się opłaci.

Podjechał taksówką. Nie autobusem, nie swoim rzęchem. Ruszamy w miasto taksówką jak prawdziwi dorośli, eleganccy ludzie. To musi **COŚ** znaczyć. Wdzięczę się więc do niego i mrugam niecodziennie wymalowanymi oczami. Tak długo się z tym makijażem męczyłam, że teraz strasznie burczy mi w brzuchu, ale nic to, bo już dojechaliśmy na miejsce. Mój mężczyzna płaci, otwiera mi drzwi, komplementuje, restauracja jest polska, więc wszystko najwspanialej.

Do momentu zdjęcia płaszczy. Serio?! Koszula w kratę? Wymiętolona? Bez marynarki? Tak do restauracji?! **TAK MI SIĘ OŚWIADCZAĆ BĘDZIE ZA CHWILĘ?!** Świnia jedna! I że w ogóle mu nie wstyd?! Nic się nie rumieni! Ja się robię całkiem czerwona ze wstydu za niego, ale mam tyle tapety, że nie widać pewnie wcale.

Więc kelner prowadzi mnie i tę moją świnię do stolika dla dwojga i wręcza nam menu. Świnia od razu zamawia butelkę białego wina, więc mu trochę wybaczam. Znów jestem skłonna się zgodzić, jak już dojdzie do proszenia o rękę.

Wybaczenie przynosi jednak fatalne skutki. Patrzę na menu, widzę ceny tego wszystkiego i widzę zza kwiatów na stole tego mojego chłopinę biednego w starej wymiętolonej koszuli w kratę. A tu przystawka, tatar, trzydzieści sześć złotych. Za trzydzieści sześć złotych to moja mama by zrobiła tatar dla dziesięciu osób pewnie. No nie będę mu tego robić. Biedak niechybnie samochód opchnął, żeby mnie tu zabrać, a i tak pewnie tym rzęchem tylko za wino zapłacił. Burczy mi w brzuchu, ale chociaż jest dobrze ściśnięty i prawie wygląda na płaski.

On zamawia przystawkę. Faceci tacy właśnie są. Jak się okaże na koniec, że nie ma czym zapłacić, to go zabiję na miejscu. Tymczasem staram się nie gapić na te jego „placki ziemniaczane z wędzonym łososiem i kwaśną śmietaną" za trzydzieści osiem złotych. To daje prawie trzynaście złotych. Za placek. Z ziemniaka. Dobrze, że moja mama jeszcze żyje, boby się w grobie przewracała. Ciekawe, za co On mi pierścionek zaręczynowy kupił, jak On tak żyje.

Rozmyślania przerywa wjazd dania głównego. Najtańszy był schabowy, ale bez przesady. Dostaję swoją pachnącą rybkę, On dostaje stek z dojrzewającej polędwicy wołowej i się zabieramy do jedzenia. Mogłam przewidzieć, że „pstrąg w całości pieczony" oznaczać będzie rybę z ogonem, ośćmi i łypiącą na mnie dziurą po oku. Dziura po oku jest najgorsza. Mam wrażenie, że ten pstrąg mnie ocenia. Zakrywam mu to oko ryżem i migdałami, ale jakoś ciągle wyłazi na wierzch. On mi tym okiem psuje romantyzm. On i ten mój facet, co w eleganckiej restauracji gada o tym, jak jego brat nie może przejść *Wiedźmina 2*, a męska duma mu nie pozwala czytać tutoriali w necie. Nie wiem doprawdy, jak On ma zamiar subtelnie przejść od tego do klękania przede mną.

Znikają talerze po daniu głównym. Nie powiem, żebym się jakoś specjalnie najadła tym pstrągiem (tym bardziej że zostawiłam na jego oku kopiec z ryżu), ale Adrian aż stęka po polędwicy. A tu jeszcze deser zamówiony. Chyba teraz powinno się zacząć to wszystko. Kwiaty, skrzypek... no nie wiem... Może mu delikatnie zasugerować, że to czas?

– A cóż to w ogóle za okazja, że zapraszasz mnie do restauracji? – pytam, spuszczając skromnie wzrok na kieliszek z winem.

– Właściwie to tak bez okazji, pomyślałem, że fajnie czasem wyjść…

– Bez okazji?! **BEZ OKAZJI?! TY ŚWINIO!** – krzyczę, ale na szczęście tylko w swoich myślach.

– Chociaż właściwie to chciałem ci coś powiedzieć… Znaczy pochwalić się. Podwyżkę dostałem. Znaczy trochę taki jakby awans, ale bardziej właściwie podwyżkę. Niewiele więcej roboty, ale kasa fajna całkiem.

– Świetnie! To ja się tu głodzę dla ciebie, palancie jeden, a ty masz dodatkowy hajs?! – mówię sobie w głowie, bo co On winny w sumie, że nie zamówiłam tej przystawki. Dziękuję też niebiosom, że zamówiłam chociaż szarlotkę, która właśnie wjeżdża na stół.

A jeśli On się naoglądał filmów i mi tam pierścionek schował w tym deserze? Boże, żeby go nie zeżreć tylko! Zaczynam rozbierać szarlotkę na kawałki, opukiwać owoce i stukać widelczykiem po lodach i bitej śmietanie.

– Wszystko w porządku? – pyta. – Nie smakuje ci? Całkiem niezła jest.

– Nie, nie, wszystko dobrze, bardzo smaczne... – wzdycham, tracąc resztki nadziei.

Zapada cisza, którą On przerywa najpiękniej, jak tylko można:

– Mówiłem ci już, że pięknie wyglądasz? Jak zobaczyłem cię w tej sukience, to jeszcze bardziej się zakochałem. Jestem prawdziwym szczęściarzem...

Wszystko mu wybaczam w tej chwili. **WSZYSTKO.** A On mówi dalej:

– A mówiłem ci, że Michał i Aśka biorą ślub? Jeszcze w tym roku. Jakoś jesienią, ale nie pamiętam dokładnie kiedy. Będą nas zapraszać na pewno. Czyli to już dwa wesela nas będą czekać w tym roku.

– Fajnie – mruczę znad szarlotki.

– I wiesz, sporo o tym myślałem i właściwie jest coś, o co chcę cię spytać od dłuższego czasu... Czy bardziej poprosić w sumie... Tylko nie bardzo wiem jak, bo to w sumie ważna decyzja i nie chcę, żebyś czuła presję czy coś... No dobra, spytam prosto z mostu, tylko pamiętaj, że możesz się zastanowić…

– **TAK! ZGADZAM SIĘ!** – krzyknęłam, bo nie wytrzymałam już napięcia.

– …mogę się do ciebie wprowadzić? Tak? Jesteś pewna?

No cóż… co krzyknięte, to już się nie odkrzyczy. Nie będę z siebie robić wariatki przecież…

Ten moment, kiedy on cię obejmuje...
Patrzy na ciebie TYM WZROKIEM...
I mówi...
Ty zawsze miałaś niebieskie oczy?

10 sposobów, jak zepsuć wspólny wieczór

1

Zaplanuj wszystko dokładnie. Każdy detal. Najlepiej jeszcze w plenerze. Na przykład, że leżycie na kocu w parku i oglądacie gwiazdy. Jeśli nie deszcz, to rzygający w pobliżu menel gwarantowany.

2

Jeśli twoja nowa lepsza połówka zrobi coś jak twój były / twoja była, **KONIECZNIE** mu/jej to powiedz. **NA PEWNO** się ucieszy.

3

Pamiętaj, żeby trzymać smartfona w ręku cały czas. Co chwila gap się w niego i przewijaj Fejsbuka czy innego Instagrama. Wiadomo, że inaczej przez te trzy godziny ominie cię tak wiele interesujących rzeczy. Pamiętaj, że patrząc w telefon, możesz nadal słuchać i przytakiwać drugiej osobie.

4

Wybierz się na długi, romantyczny spacer w niewygodnych butach. Przez pierwsze dwa kilometry zaciskaj zęby i udawaj, że nic się nie dzieje. W drodze powrotnej płacz i pokazuj, jakie masz odciski.

5

Opowiadaj calutki wieczór o tej koleżance/koledze z pracy, której/którego tak bardzo nienawidzisz.

6

Sam/Sama, zdecyduj, co będziecie jeść. Okazało się, że twoja druga połówka nienawidzi sushi, a po hinduskim żarciu spędza resztę wieczoru w toalecie? Ups…

7

Alkohol? Pij dużo i szybko – im szybciej pijesz, tym więcej dla ciebie, prawda?

8

Porozmawiajcie o polityce.

9

Zacznij od skrytykowania stroju drugiej osoby. Nawet nie musisz mówić, że jest specjalnie brzydki. Wystarczy zdawkowe „na pewno w tym idziesz?" albo „dziwne to wdzianko masz".

10

Miej oczekiwania. Im większe, tym lepiej. Tylko nic o nich nie mów. **NIECH SIĘ DOMYŚLI.**

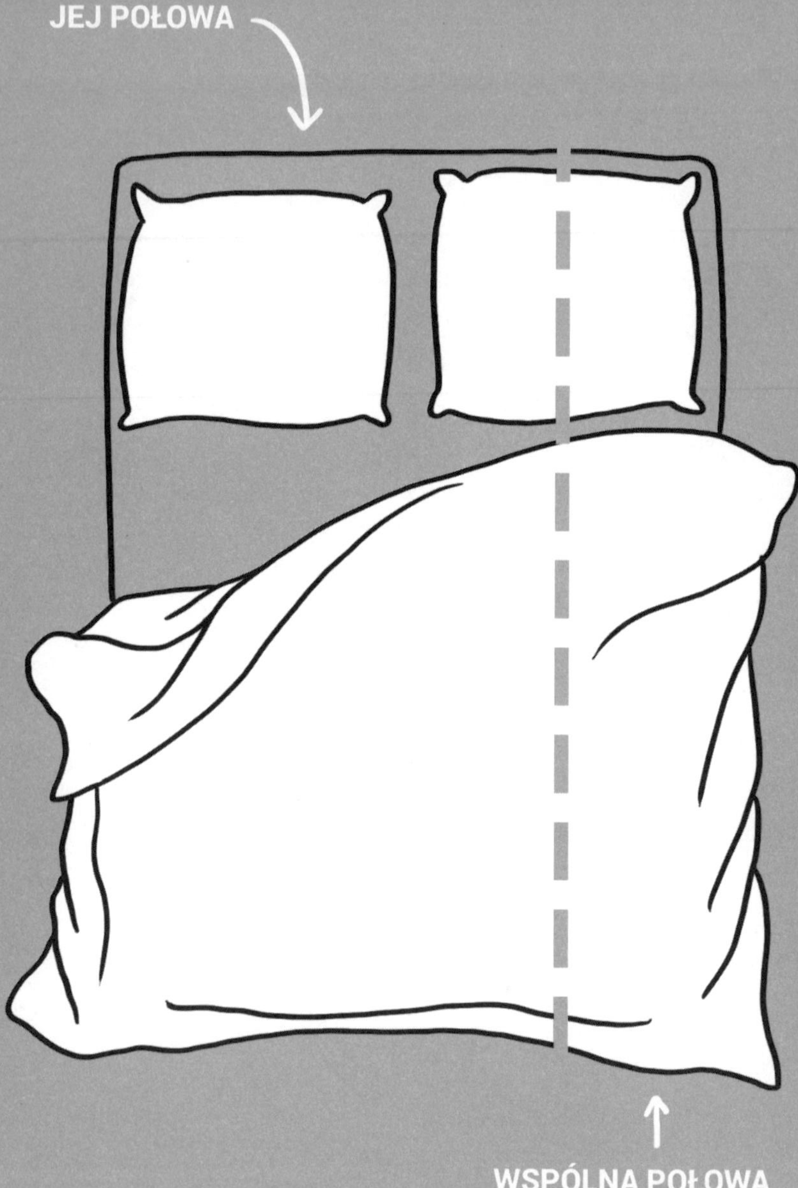
JEJ POŁOWA
WSPÓLNA POŁOWA

Jak upchnąć faceta do mieszkania, w którym sama ledwo się mieścisz

ONA

A więc postanowione. On poprosił. Ja się zgodziłam. Od teraz nasze życie się całkowicie zmieni. Nadal nie do końca wiem, czy jestem już na to gotowa, ale kto nie ryzykuje, ten nie pije szampana (czy czegoś). **WPROWADZA SIĘ.** Będę mieszkała z facetem. Będziemy poważnym całkiem związkiem. Węzeł przedmałżeński zostanie zawiązany.

Tylko nie pomyślałam, że moje całe dwa pokoje po babci będzie teraz trzeba podzielić… na dwa. I nawet nie, że: „jego pokój” i „mój pokój”. Tylko jakoś zgrabniej. On tu przyjedzie za parę dni wozem przeprowadzkowym i zacznie wnosić cały swój dobytek. I gdzie On go niby wciśnie? Dobrze, że mam weekend, żeby to ogarnąć.

PO PIERWSZE, SYPIALNIA:

Spać będzie... wiadomo. Zmieścimy się. W razie czego wyślę go na tę zarwaną kanapę w salonie, to zaraz wróci przepraszający i skruszony. Co to się jeszcze robi w sypialni...? A. Ciuchy trzyma. Ale że **PÓŁ SZAFY** od razu? **PÓŁ KOMODY?** No nie wiem...

Po godzinie rozmyślań postanowiłam mu oddać jedną trzecią szafy (trzydrzwiowa, więc chyba logiczne) i jedną szufladę na gacie czy coś. No nie wiem. Niech sobie przyniesie jakąś szafę, jak taki mądry jest...

Cztery godziny później, po przymierzeniu i przewieszeniu około dwudziestu sukienek z rodzaju już-się-trochę-jakby-nie-dopinam-ale-kiedyś-się-dopnę, postanowiłam, że tej szafy to mu zostawię tak z jedną szóstą bardziej. Nawet podjęłam odważną decyzję o wyrzuceniu dwóch bluzeczek i jednych spodni, których nie miałam na sobie od czasów królowania

Britney Spears i Enrique Iglesiasa na listach przebojów. Coś mu wygospodaruję w przedpokoju najwyżej. Jednak jestem damą i moja garderoba to jakby rzecz święta, no nie?

PO DRUGIE, KUCHNIA:

Czy On przyjdzie z garami swoimi? Czy jak? Nigdy nikt się do mnie nie wprowadzał. Nie wiem, jak to działa. Zadzwonię.

Okej. Garów nie ma. Z kuchnią spokój. Ma kubek jeden własnościowy. I „być może grilla elektrycznego". Nie wiem, jak można mieć „być może grilla", ale dziś nie mam już sił wnikać w takie sprawy.

PO TRZECIE, ŁAZIENKA (czyli zaczynamy dzień drugi):

Chyba nie przyniesie proszków do prania? Czy tak? Czy z płynem do podłóg mi tu wjedzie? Dobrze, olejmy to. Takie rzeczy to się zużyje i nie będzie. I spokój. Gorzej z rzeczami permanentnymi. Więc mam tu szafkę i cztery szuflady na same najbardziej niezbędne i podstawowe kosmetyki (oraz dwadzieścia balsamów do ciała, które albo dostałam w prezencie, albo kupiłam w promocji „głupia-będziesz-jak-nie-skorzystasz" czy „tyle-zaoszczędzić-to-jakby-zarobić"). Wolałabym mu oddać miejsce w szafce. Ale w szafce są tampony i podpaski. **MATKO!** On się tu wprowadzi, otworzy szafkę i zobaczy moje tampony i podpaski! Czy to w ogóle wypada?!

Po radę z gatunku sawuarwiwru zadzwoniłam do mamusi. Zgarnęłam srogi opierdziel, że jaki facet się wprowadza, że jak to bez ślubu, że babcia się w grobie przewraca w tę i we w tę, a ksiądz proboszcz jak się dowie, to już w ogóle wstyd. Ja tam nie mam zamiaru gadać z jej proboszczem. Obstaję przy tym, że podpaski, tampony i papier toaletowy zostają w szafce. Jemu oddam tę szufladę. Niech ma. Niech się cieszy.

PO CZWARTE, SALON:

No nie wiem, co mu tu... Jakieś półki na regale? Na książki czy coś? Pamiątki z dzieciństwa? Ramki ze zdjęciami? Muszelki przywiezione z wakacji? Pachnące świeczuszki? No nie wiem. Najwyżej się jakoś zsunę z tym wszystkim.

PO PIĄTE, PRZEDPOKÓJ:

Tu będzie łatwo. Tu jest tylko szafa i szafka na buty. Zaczniemy od butów. Nie wszystkie muszą być przecież w tej szafce. Zostawię tylko te wygodne, ładne, modne i ciepłe... hmmm... to już cztery pary. Do tego jeszcze te kozaczki muszą zostać, bo one są do tego płaszcza pasujące. No i klapeczki, w razie nagłych przypadków wychodzenia na klatkę. Jak się chłopak uprze, to jeszcze ze dwie pary swoich wciśnie chyba.

No i szafa. Ups. Zapomniałam, że mam tu **WSZYSTKO**. Żelazko, deska do prasowania... Mam nadzieję, że nie przytarga drugiej... A miałam mu tu jakieś miejsce na ciuchy... O, zepsuty adapter. Winyle Franka Schoebela i Krzysztofa Krawczyka. Całe pudło rzeczy, co zostały po remoncie. **TROSZECZKĘ** moich ubrań. Pudło z apaszkami i szalikami. Jakie piękniutkie. Szkoda aż, że nigdy nie noszę. O, walizka po maszynie do szycia! Jaka super! Łał, całe pudło papierów kolorowych i wstążek do pakowania prezentów. Ale czad. Doniczki. Koce. Śpiwory. Torebki. Torebki z pourywanymi paskami... To wszystko, co wisi na wieszakach, to trochę zsunęłam na bok, ale reszta… No nie wiem, koleś… Jak sobie tu znajdziesz jakieś miejsce na ciuchy, to proszę bardzo…

NO I NADSZEDŁ TEN DZIEŃ

Wysprzątałam mieszkanie (no dobra, trochę tam ogarnęłam tylko) i czekam. Na ten wóz przeprowadzkowy. Na te walizki. A tu wchodzi On. Cały na czarno. Z jedną czarną walizką, jednym czarnym plecakiem i garniturem na wieszaku.

– A gdzie reszta?

– Jaka reszta?

– No rzeczy… Pudła. Walizki. I ten, no… wszystko.

– No tu.

– Yyyy aaaa a gdzie masz ciuchy wszystkie?

– No… tu.

– Aaaa… A kosmetyki?

– No… też tu…

– A „być może grill elektryczny"?

– Przegrałem wczoraj swoje udziały w karty. Całe szczęście. Nie był myty od dwóch lat i śmierdział ośmiornicą. Nie pytaj.

– Nie pytam. To co? To już?

– No już.

– Mieszkamy?

– Mieszkajmy.

Poszłam kupić torebkę,
ale zobaczyłam świetną sukienkę,
więc kupiłam też
dwie pary butów.

– Obraziłaś się?

– Nie.

– Bardzo?

– Bardzo.

Co mówi **ona**:

Nie śpij teraz! Ja ci coś zrobię w końcu! Mieliśmy iść na obiad! Potem się może zdrzemniesz, jak będziemy „Seksmisję" oglądać

Co dociera do **niego**:

śpij teraz! Ja ci

zrobię

obiad! Potem może

seks

Jak mieszkać z kobietą i odwrotnie: jak mieszkać z mężczyzną

Dzień 1

ONA

Mieszkamy razem. Nie jest łatwo przyzwyczaić się do zmian. On ma swoje nawyki, ja mam swoje i one, te nawyki, nie bardzo ze sobą chcą współpracować. Staram się mu dawać delikatne sygnały, kiedy coś mi przeszkadza, ale nie wiem, czy coś dociera.

ON

Mieszkamy razem. Nie jest łatwo się przyzwyczaić do zmian. Na szczęście Ona na nic nie narzeka, więc chyba tylko ja tak mam. Po prostu muszę przywyknąć chyba i będzie dobrze.

Dzień 3

ONA

Okazuje się, że On dużo pracuje zdalnie i lubi sobie głośno muzykę puszczać. I to nie muzykę dla ludzi, tylko jakieś dzikie wrzaski zazwyczaj. Najgorsze jest to, że jak go pytam retorycznie: **„CO TO JEST ZA HAŁAS?”**, to On mi grzecznie tłumaczy, że to płyta Neurosis z 1992 roku.

ON

Odkąd mieszkam u Beaty, muszę o wiele ciszej puszczać muzykę, niż przywykłem, bo niżej mieszka rodzina z małym dzieckiem i podobno mój repertuar mu przeszkadza. Dobrze, że mojej Lubej nie. Czasem nawet pyta o nazwę zespołu. Interesuje się. Może jej kupię jakąś płytę na urodziny.

Dzień 5

ON

Rano się nie widujemy za bardzo, bo Ona teraz wcześnie wychodzi do pracy, a ja pracuję zdalnie i lubię pospać tak długo, jak tylko się da. Ale zaraz po przebudzeniu mnie tęsknota dopada, więc zwykle do niej dzwonię, jak jem śniadanie, ot tak, żeby Ją usłyszeć.

ONA

Szef wpadł na genialny pomysł, żebyśmy teraz wcześniej przychodzili do pracy. Na ósmą. Żeby zdążyć, muszę wstać przed siódmą. **CZYLI W ŚRODKU NOCY.** Zrezygnowałam w związku z tym ze śniadań w domu, bo o tej porze mój organizm jest jeszcze nieobudzony i na widok jedzenia reaguje obrzydzeniem. Jakby mi mówił: „Co ty, głupia? **W NOCY PODJADASZ?**". Tak więc idę do pracy na głodnego i czekam, aż będzie zamawianie obiadu, i wtedy się napycham. Wiem, że strasznie niezdrowo, ale mam nadzieję, że to się zaraz skończy i wrócimy do normalnych godzin pracy. Szczególnie że jak dotąd szefowi ani razu nie udało się przyjść na tę ósmą.

No i tak siedzę głodna, czekam na porę obiadową, a ten Mój Wybranek, Mój Promyk Szczęścia dzwoni do mnie radośnie **I MI OPOWIADA, CO WŁAŚNIE JE**. No zabić go to mało.

Dzień 7

ON

Jak dzisiaj do niej zadzwoniłem, jak zwykle w porze śniadania, to mi powiedziała, że jestem niesamowity! Albo niezwykły, jakoś tak. Życie jest piękne!

ONA

Niemożliwy. Powiedziałam, że jest niemożliwy.

Dzień 9

ONA

Na samym początku ustaliliśmy, który wieszak na ręcznik jest czyj. Kiwał głową, zupełnie jakby wszystko zrozumiał. A teraz ciągle odwiesza mój ręcznik na kaloryfer, a swój wiesza na moim haczyku. I ja nie wiem, On to specjalnie robi?

ON

Ona nigdy nie odwiesza ręcznika na kaloryfer i zawsze ja to muszę robić. Przecież jej nie wyschnie inaczej, w tej łazience jest strasznie parno.

Dzień 12

ONA

Muszę przestać używać sarkazmu w rozmowach z Adrianem, bo to jest broń obosieczna. A nawet jednosieczna, każdy sarkazm może być użyty przeciwko mnie. Jak w amerykańskich filmach. Przytargałam dziś siaty pełne zakupów, ledwo żyję, stoję w drzwiach do kuchni, żeby to zacząć wyładowywać, a On mnie pyta, **CZY MOŻE MNIE PRZESUNĄĆ**, bo chce się dostać do lodówki. No to ja mu mówię, że może to On mnie pocałować w nie powiem co.

A On mnie pocałował.

ON

Mówi, że mogę całować, to całuję. Nie wiem, o co chodzi.

Dzień 14

ON

Jest jakiś foch, ale nie wiem o co. Wczoraj jak zwykle Ona kładzie się wcześniej spać, bo wstaje o nieludzkiej porze. Ja jak zwykle jeszcze gram na kompie, bo cały dzień pracowałem i muszę wyłączyć mózg przy *Counter Strike*'u. Ona mi mówi: „Idę spać, dobranoc, kochanie". Ja jej mówię: „Dobranoc, kochanie". **NO NIE WIEM, CO POSZŁO NIE TAK.** Ale dziś od rana jest foch i nieodzywanie się do mnie.

ONA

Wzięłam prysznic, wygoliłam, co się dało, użyłam nawet jakichś perfum, co to je co roku na święta dostaję i mam ich ogromne zapasy w związku z tym. Przywdziałam **NAJSEKSOWNIEJSZĄ BIELIZNĘ**, jaką posiadam. I taka oto wchodzę do sypialni, mówiąc niewinne: „Idę spaaać, dobranoc, kochanie…”. **A TEN ĆWOK, TA ŚWINIA** odpowiada: „Dobranoc, kochanie”. Się nawet nie odwrócił, nie obejrzał, co go mija. Tylko tam strzelał do ludzi w komputerze. Psychopata jeden. I cham. Nie odzywam się do niego. Nie jestem dobra w fochy, ale tym razem to sobie zasłużył.

Dzień 16

ONA

Pisze do mnie dzisiaj na Fejsbuku, kiedy ja będę w domu, bo chce pizzę zamówić. Odpisuję, że zostało mi trochę roboty **I TO CHWILĘ POTRWA**. Wracam jakieś półtorej godziny później, a On nie dość, że zamówił tę pizzę, to jeszcze zdążył ją zjeść beze mnie. I mówi, że do mnie wydzwaniał. Tak jakby jakiekolwiek wydzwanianie mogło zniwelować **PIZZOWĄ ZDRADĘ**.

Śpi na kanapie dziś.

ON

Piszę do niej dzisiaj na Fejsbuku, kiedy Ona będzie w domu, bo chcę pizzę zamówić. Odpisuje, że jeszcze pracuje, ale to potrwa chwilę. No to zamawiam, skoro tylko chwilę. Facet z pizzą przybywa niebawem, a jej nie ma. Dzwonię – nie odbiera. Zjadłem sam, no boby wystygła przecież.

Śpię na kanapie dziś. Ale pizza była pyszna.

Dzień 21

ON

No przyznam, że początki były ciężkie, ale chyba będzie już coraz lepiej. Widzę światełko w tym tunelu.

ONA

To pociąg.

Lepiej dobrze zjeść,

niż podobać się byle komu.

Wymieniłem rolkę papieru w łazience
I co chcesz za to? **Medal?**
Beze mnie ten dom by **nie istniał**

Jak przesadzić z podziałem obowiązków

ONA

Ustaliliśmy zasady współżycia. W sensie tego na co dzień, nie tego w nocy. We współżyciu w nocy **NIE MA ZASAD**. … Co to ja miałam… A, zasady. Podział obowiązków. Na przykład, że ja ogarniam zakupy, a On rachunki. Wydatkami dzielimy się po połowie. Albo że On odkurza, ja ścieram kurze. On myje łazienkę, ja – podłogi. Ja gotuję (!), On wynosi śmieci. Ja wstawiam pranie, On wiesza pranie. On załadowuje zmywarkę, ja rozładowuję. No rozsądne chyba, nie?

W teorii rozsądne. W praktyce zaczęliśmy tę listę obowiązków rozpisywać na coraz więcej podpunktów.

No bo to niesprawiedliwe, że ja targam zakupy, a On w zamian sobie siedzi w cieple w domu i rachunki ogarnia. **NIE PO RÓWNO.** Dysproporcja obowiązków taka. W związku z tym ustaliliśmy, że ja, owszem, zakupy noszę, ale tylko spożywcze, a na przykład napoje, alkohol, chemia i inne ciężkie rzeczy to jego broszka. W końcu kto tu jest silnym facetem? Albo po prostu facetem?

No i stoję w markecie, cola w promocji „dwie w cenie jednej" i bym wzięła, ale przecież to niezgodne z zasadami. Od tego się zaczyna, teraz wezmę te dwie butelki, a za miesiąc wszystko będę za niego robić. Zostanę jakąś służącą, kurą domową, a co z moimi marzeniami? **MOJA KARIERA LEGNIE W GRUZACH.** Niedoczekanie! Z drugiej strony, jak nie wezmę, to przepadnie, bo zanim On się ruszy, to promocja się pewnie skończy. **CO ROBIĆ?**

DZWONIĘ DO NIEGO.

– Halo! Cola w promocji „dwie w cenie jednej"!

– Dziękuję, nie potrzebujemy.

Rozłączył się! Co za drań niewychowany! Dzwonię znowu.

– Co się rozłączasz, jak do ciebie dzwonię? Mówię, że cola w promocji jest, jestem w sklepie i tu jest promocja. Na colę.

– A. No dobrze, no to weź.

Faceci to jednak nie są rozumni.

– Ale to twoja działka! Nie mogę wziąć tych butelek, bo moja kariera legnie w gruzach!

Nie odzywa się. On w rozmowach telefonicznych jest jeszcze lepszy ode mnie. Próbuję do niego dotrzeć przez to małe urządzonko:

– Misiu, jak ty tam robisz jakieś gesty potakujące albo niepotakujące, to wiesz, że ja ich nie widzę przez telefon? – Staram się być miła.

– Tak. To może ten…

Oho! Będzie się wysławiał.

– To może zróbmy tak, że kupisz te cole, a ja w zamian zrobię coś z twoich obowiązków.

A to cwaniaczek.

– Dobrze. Tylko nie myśl, że zapomnę. Paaa! Kocham.

Nie jestem apodyktyczna, prawda? Nawet powiedziałam, że go kocham. Biorę te butelki i wracam do domu.

Wróciłam. Wywaliłam się w drzwiach z siatami. Ten **KOCHANY MÓJ MIŚ** pierdzielony postanowił w ramach wyręczenia mnie z obowiązków umyć podłogę i mnie nie ostrzec. Teraz leżę zła na kanapie i jeszcze jestem głodna do tego. Przepraszał sto razy oczywiście, trząsł się nade mną jak osika na wietrze, ale co mi po przeprosinach i tej czystej podłodze, jak mnie dupa boli teraz. Idę obiad zrobić.

Weszłam do kuchni, biorę się za ten obiad z torebki (bo myśleliście, że co, nagle się w szefową kuchni zmieniłam?), a tu patrzę, że śmieci niewyniesione. Znowu nieporówność! Ja tu dla niego się uczę gotować nawet, **HARUJĘ JAK WÓŁ**, a On nie może wynieść jednego worka? Do zsypu! Pół piętra niżej! Przecież to minuta roboty. Zaraz mu powiem, co ja o nim myślę. Głodna jestem, bym już jadła, to nie, **STOPUJE MI ROBOTĘ**.

WPAROWUJĘ do sypialni. Siedzi sobie przed komputerem, cwaniaczek, myślał, że tu się przede mną schowa.

– WEŹ WYNIEŚ TE ŚMIECI ŚMIERDZĄCE, BO GŁODNA SIĘ ROBIĘ!

Stanął na baczność. Oczy mu prawie z orbit wylazły. Zabrał śmieci i wyszedł bez słowa.

Niesamowite, jak absurdalne zdanie trzeba z siebie wydobyć, żeby facet śmieci wyniósł.

ON

Cały dzień pracuję zdalnie. W międzyczasie ogarnąłem rachunki i umyłem podłogę. Staram się, jestem sumienny, po czym Ona wchodzi i mówi, że się głodna robi, bo nie wyniosłem śmieci. I teraz nie wiem, czy już do reszty zaczyna wariować od mieszkania ze mną, czy jeszcze gorzej – jest w ciąży i zapachy dziwnie na nią działają.

My nie możemy mieć dziecka teraz, przecież to by trzeba **CAŁY PODZIAŁ OBOWIĄZKÓW OD POCZĄTKU ROZPISYWAĆ**.

W związku najważniejsza jest
chęć kompromisu.
**Na przykład – ja coś chcę,
a ty idziesz na kompromis.**

Trochę się jednak od siebie różnimy
On, jak nie wie, co powiedzieć (czyli zazwyczaj), **to nic nie mówi**
Ja, jak nie wiem, co powiedzieć, **to mówię tak długo, aż wymyślę**

10 rzeczy, których nie należy mówić kobiecie

1

Nie krzyw się tak, bo brzydko wyglądasz.

2

Zostanę z Anią w pracy trochę dłużej dzisiaj. Musimy nad czymś popracować we dwójkę. Tylko nie dzwoń, bo będę zajęty.

3

Chyba się zaokrągliłaś tu i ówdzie…

4

Ładne te twoje przyjaciółki.

5

Jesteś całkiem bystra. **JAK NA DZIEWCZYNĘ.**

6

Nie jesteś taka głupia, na jaką wyglądasz.

7

Ja tam lubię takie grubsze dziewczyny jak ty.

8

Niezłe, ale moja mama robi to lepiej.

9

Jak na swoje lata to nieźle się trzymasz.

10

Jesteś gruba.

10 rzeczy, których nie należy mówić facetowi

1

MUSIMY POROZMAWIAĆ.

2

Nie przejmuj się, wielkość nie ma znaczenia.

3

Widziałam się dziś z moim byłym.

4

RÓB, JAK CHCESZ.

5

Kup mi podpaski, jak będziesz w markecie.

6

DOMYŚL SIĘ.

7

Trzymasz mapę do góry nogami **(ON DOSKONALE WIE, CO ROBI!)**.

8

JAKBY CI ZALEŻAŁO, TOBYŚ SIĘ DOMYŚLIŁ.

9

Ale głupi ci twoi kumple!

10

Ale przystojni ci twoi kumple!

– Ej, czy my kiedyś weźmiemy ślub?

– A kto by nas chciał?

Nie mam siły, **dzisiaj ty zrób obiad**
1. Wsyp to do miski
2. Zalej wrzątkiem
3. Nie pomyl kolejności
Wrzątek mi wystygł, co robić?

Jak udawać perfekcyjną panią domu

ONA

Mówi się, że życie jest jak gotowanie – niby wszyscy mają ten sam przepis, a każdemu wychodzi co innego. Mnie na przykład zwykle nic nie wychodzi.

Ostatnio zdałam sobie sprawę, że mam już swoje lata, mam już swoją wagę i mam już swoją dziurę w budżecie i dlatego nie możemy całe życie zamawiać pizzy. Czasem trzeba jakiś jednak obiad domowy zjeść. Swojego mężczyznę nakarmić. On mnie w końcu czasem karmi.

Postanowiłam, że zacznę od „półobiadów". Znaczy kupię jakieś gotowe rzeczy w sklepie i przygotuję w domu. Kisiel i chińskie zupki zawsze mi się udawały. Zrobiłam zapasy mrożonych zup „domowych", pierożków, dań z patelni oraz „pomysłów na..." i innych mixów-fixów. Niestety okazało się, że producenci tychże, choć wyciągają rękę do takich mistrzów sztuki kulinarnej jak ja, to jednak w tej ręce mają nóż. Tępy i właściwie niegroźny, ale jak się ktoś go chwyta tak niezdarnie jak ja, to się może pokaleczyć. Otóż oni tam piszą: „Dodać soli i pieprzu według uznania". I ja się pytam: **CO TO JEST TEN „UZNAŃ"?** Ile to jest? Łyżka? Łyżeczka? Jeśli łyżeczka, to jaka? Taka, co po babci została, czy bardziej taka, co ją gratis do herbaty dali? Czemu w żadnym sklepie nie da się kupić naczynka o nazwie „uznanie"? Z wewnętrzną podziałką jeszcze. I wszyscy producenci powinni pisać na przykład: „Wsyp jedno uznanie soli i pół uznania pieprzu" albo „Możesz dodać uznanie słodkiej papryki". **NO NIE MOŻNA TAK?!** Albo jeszcze lepiej! Czemu oni już tej soli i pieprzu tam nie wsypali? Dali suszony czosnek, glutaminian sodu, hydrolizat białka pszennego i jeszcze sami nie wiedzą co (ale na wszelki wypadek napisali, że może jaja, może gorczyca, może seler, może palec pani Hani z działu produkcji), **A NIE MOGLI WSYPAĆ SOLI**?!

Jednak walczę z tym nieludzkim podejściem do klienta. Bardzo szanuję producentów makaronu, ryżu i kasz. Najpierw chciałam ziemniaczki gotować, jak mama. No to dzwonię do niej i pytam, jak długo się to robi, a ona parsknęła mi śmiechem bezczelnie do słuchawki i mówi: „No, aż będą ugotowane". Bardzo zabawne, mamo. Bardzo. A producenci kasz? Wspaniali są! Kochani! Napiszą na pudełku: „Wrzucić torebkę do gotującej się wody. Gotować przez 15 minut. Odsączyć. Torebkę rozciąć i wysypać kaszę na talerz". I ja ich rozumiem. I jestem jeszcze fanką „warzyw na patelnię". I takich papierków, że się kurczaka wkłada i kładzie z tym na patelni. „Smażyć po 5 minut z każdej strony". To są piękne słowa! Żadnego „do zrumienienia", żadnego „**KILKA** minut", żadnego **„WEDLE UZNANIA"**!

I muszę przyznać, że warto. Że ja nie jestem perfekcyjną panią kurą domową, ale jednak to miło tak mężczyźnie wydać na talerzu ciepły posiłek i jak On tak pomruczy i powie, że pyszne. I muszę przyznać, że nawet co tydzień czy dwa rozszerzam repertuar swoich dań, o ile się da.

Tylko jedno mnie nadal denerwuje. Że kiedy ja, wybitna specjalistka od makaronu, kasz i ryżu (założę się, że Francuzi mają na to specjalne słowo), zjawiam się u swojej mamy, ona też robi kaszę na obiad. Chyba tylko po to, żeby mi pokazać, że jest lepsza. I stoi nad tym garnkiem i zagląda, i mruczy.

– Hmmm... kasza już chyba dobra będzie, co?

– Nie wiem, mamo. A ile minut się gotowała?

– Minut?! A kto to by tam takie rzeczy liczył?!

No ja, mamo, ja właśnie bym liczyła...

Dla mnie zakupy to jak lekarstwo.
A na zdrowiu
nie ma co oszczędzać.

BŁĘKITNY MORSKI CHABROWY GRANATOWY LAZUROWY MODRY SZAFIROWY TURKUSOWY
NIEBIESKI
HATCHBACK SEDAN KOMBI COUPÉ KABRIOLET PICK-UP VAN MINIBUS
AUTO
TURKUSOWE AUTO

Jak nie wybierać farby do ścian

ON

Smartfony mnie wkurzają, jak sobie pomyślę o tej całej inwigilacji, której jesteśmy poddawani, ale nie wiem, jak ja kiedyś żyłem bez telefonu mądrzejszego niż ja sam. Wystarczy, żeby to niepozorne urządzonko miało dostęp do internetu i **WIEM WSZYSTKO**. O nic nie muszę pytać, z nikim nie muszę rozmawiać. Jestem człowiekiem samowystarczalnym. Coś się popsuło w aucie? Googlujesz i już wiesz. A tak to by cię mechanik albo inne ASO oskubali z ostatniego grosza. Trzeba nastawić pranie, a jesteś Typowym Facetem i programy to ty umiesz zmieniać tylko w telewizorze? Googlujesz i też już wiesz. Alfa i omega.

Oczywiście do momentu, kiedy ci padnie bateria, a właśnie jesteś na wyprawie, do której wymagana jest znajomość kolorów. W pracy, chcąc nie chcąc, muszę ogarniać kolory, bo jak dotąd nikt nie zrozumiał, że wszystko wygląda najczytelniej, jeśli jest czarno-białe, więc projektuję te wszystkie strony i banerki w różnych fikuśnych barwach. **ALE NA KOMPUTERZE KAŻDA BARWA MA SWÓJ NUMEREK.** Wszystko jest oznaczone. Zresztą jest internet pod ręką, można w dowolnej chwili sprawdzić, co ma wspólnego **RÓŻ WENECKI** z kolorem różowym (spoiler: nic). Albo upewnić się, że *violet* po angielsku to wcale nie jest fioletowy i odwrotnie: *purple* to wcale nie purpurowy. Logika się tego tematu nie ima. Kto by to spamiętał?

No więc jestem w markecie budowlanym, bo **WSPÓLNIE STWIERDZILIŚMY**, że ściany wymagają odmalowania, bo ta sraczkowatożółta farba, którą mamy, to nie była modna nawet w latach siedemdziesiątych, kiedy ją kładziono. Każde pomieszczenie pomalujemy na inny kolor i będzie ładnie. **WSPÓLNIE RÓWNIEŻ POSTANOWILIŚMY**, że ja kupię farby, bo Ona powiedziała: „Chyba nie muszę z tobą jechać, **PRZECIEŻ JESTEŚ GRAFIKIEM**", i mi jakaś chora ambicja przysłoniła zdrowy rozsądek. Wziąłem listę spisaną przez moją Ukochaną i od razu wyruszyłem na polowanie. Nawet nie rozmawiałem z nią o tej liście, bo raz że chora ambicja, a dwa, że **PRZECIEŻ ZAWSZE MOŻNA ZADZWONIĆ** i dopytać, co autorka miała na myśli. Otóż nie można. Okazało się, że bateria w moim biedasmartfonie ma dziewiętnaście procent, a w jego przypadku to znaczy, że zostało mu jakieś dziesięć sekund na ostatnie słowo. I tak skończyłem przed regałem z milionem jednakowych wiaderek, robiąc dobrą minę do złej gry i drapiąc się po głowie, że niby się nad czymś zastanawiam.

Właściwie to prawda – zastanawiam się: jak wśród tych wszystkich nazw typu „Tajemnicza Gejsza" czy „Jesienna Mgła" znaleźć, kurwa, beżową farbę. To jest jakaś paranoja. Na kartce mam jedno, w głowie mam drugie, a ci mi tu jeszcze piszą wierszem na każdej półce. Co to jest beżowy właściwie? Jakiś jasny chyba. Czy nie, czy że ciemny. Trochę brzmi jak bordowy. Nieważne, zostawmy to sobie na koniec. Druga farba ma być oliwkowa. To łatwe, oliwki są czarne. Czarny to wiem, jak wygląda. Biorę. Dalej. Pistacjowa. **CHRYSTE**. Pistacja to jest owoc czy warzywo, czy co? Nieważne, to i tak mi nie pomoże. Ale kojarzę lody pistacjowe i one są jakieś takie zielone zdaje się. Dobra, biorę zieloną. Dwie z głowy. Teraz łososiowa. Jak wygląda łosoś? Takie srebrne łuski ma chyba, nie? Jak każda ryba. Skąd ja wezmę srebrną farbę? Może szarą bardziej. O, jest szara, styknie. To jeszcze została jagodowa i ten nieszczęsny beż. Jagody są ciemnoniebieskie, widziałem kiedyś jagodę, to wiem. Ciemnoniebieski, jest. Czyli granatowy taki. Nie można było napisać granatowy? Z tymi kobietami…

Prawie wszystko. Jeszcze ta beżowa. Mógłbym w sumie spytać tego człowieka, którego plakietka na koszuli sugeruje, że ma za zadanie mi pomagać. **ALE TAK DOBRZE MI IDZIE, CO JA TERAZ BĘDĘ PYTAŁ DRUGIEGO FACETA O KOLORY.** Szanujmy się. Po prostu tę jedną sam wybiorę, przecież powinienem mieć jakiś głos decyzyjny w tym domu. O, tę wezmę. Taka blada, w sam raz do sypialni, żeby widno było. Nie wiem, co Ona się tak uparła na ciemne ściany.

Koniec. Mam bladą, granatową, szarą, czarną i zieloną. To są słowa, które rozumiem. Teraz do kasy i do domu, bo Ukochana pewnie tęskni.

ONA

Zabiję go. Ja sama jestem słaba w kolory, no ale jak go wysyłam po łososiową farbę, a On mi wraca z czymś w kolorze zgniłego kartonu, to chyba coś z nim jest nie tak, a nie ze mną. Dobrze, że chociaż tę beżową trafił.

Czy my na pewno potrzebujemy **stołu**?
Stołu? Myślałem, że składamy **regał**!

Jak nie składać mebli

ONA

– Magda, ja przysięgam, że o byciu dziwną wiem wiele, ale facetów to ja nigdy nie ogarnę.

– Gadaj, co znów odwalił.

– Kupiliśmy nową szafkę pod telewizor, co nie?

– Aha.

– No i kurier ją przyniósł jakoś w tygodniu, ale Adrian się upierał, żeby nie ruszać, że złoży w sobotę z Tomkiem. No to jej nie ruszałam. Spoko, że się z Tomkiem zakumplował, niech sobie chłopaki dłubią.

– No jasne.

– No i Tomek przyszedł w sobotę ze swoimi śrubokrętami i piwem i się biorą za otwieranie paczki. Instrukcja im wypadła, więc im podaję, a oni do mnie mówią, że mogę to wyrzucić.

– Wyrzuciłaś?

– Oczywiście, że nie. Nie ma głupich.

– Słusznie.

– Więc oni tam z tym piwem i meblem się szarpią, a ja sobie usiadłam przy stole z kawką i instrukcją, bo już nie mogłam patrzeć, jak oni mimośrody wsadzają.

– Tak, znam to! Myślałabyś, że facet się zainteresuje, w którą stronę otwór ustawić, ale oni tylko wiedzą, że jest dziurka i kołek i jakoś to będzie.

– Ha! Dokładnie. No i słuchaj, oni chcą zbijać plecy tej szafki już, a ja im mówię, że w instrukcji jest, żeby najpierw szuflady zrobić. Coś tam na mnie prychnął jeden z drugim, żebym się kawką zajęła i że wiedzą, co robią.

– Oho, męska duma weszła?

– Weszła i siadła na tłustym tyłku. I ruszyć się nie dała. Ja im mówię grzecznie, że tam jakaś prowadnica do szuflady została, a ci do mnie z pytaniem, czy nie muszę iść na zakupy albo coś. No to poszłam. Wróciłam po prawie dwóch godzinach, licząc, że już mam telewizor ładnie na nowej szafce ustawiony...

– A tu pierdzielnik?

– Pierdzielnik straszny. Wyobraź sobie, że **OKAZAŁO SIĘ**, że jak się zbije plecy, to nie da się tak wsadzić ręki, żeby szynę od szuflady przykręcić.

– Ale się nie przyznali?

– Ależ skąd! Jeszcze obaj ofochani na mnie chodzili do wieczora. Na mnie i na producenta mebli. Podejrzewam, że z godzinę mojej nieobecności wykorzystali na wydzwanianie do producenta. Wykończą mnie ci faceci, przysięgam.

– Eeeeeee, to jeszcze nic. Opowiadałam ci, jak męska duma ostatnio weszła w wycinkę drzew na naszej działce?

– Nie.

– No to z kolei mój Pawełek się z mym ojcem bratał. Że mu pomoże. Ścinanie drzew, męska rzecz, bla, bla, bla... Zaparkowali malucha z przyczepką, bo tylko maluch dziadka ma hak z tyłu, no i tną tę sosnę nieszczęsną jedną, potem się biorą za drugą. Ale coś mi nie pasuje. Coś mi fizyka nie działa. Więc pytam grzecznie: „Tatusiu, a ta sosna nie poleci na samochód?". On do mnie: „Nie poleci, nie poleci". „Tato, na pewno?" „Nie ucz ojca dzieci robić". I rechoczą bezczelnie obaj z Pawłem. Ale ja jestem kobietą, ja wiem. I pytam po raz ostatni: „Tato, a może poczekajcie chwilę, ja ten samochód przeparkuję?". Chciałam już to robić bez pytania, ale ja wiem, czy oni mi tej sosny cholernej na łeb nie zwalą? „Ani mi się rusz!" – woła czerwony ojciec, a Paweł Podlizuch jeszcze do mnie: „Kochanie, daj spokój".

– I co?

– No i jeden wielki łomot był i głos ojca: „Madziu, weźcie z Pawłem wejdźcie do środka i pchnijcie ten dach. Może się trochę wyprostuje".

– Wyprostował się?

– Trochę.

– Obrazili się na ciebie?

– Potwornie.

Patrz, co sobie kupiłam!
Dwa słowa:
PO
CO?
Dwa słowa:
WY
PRZEDAŻ

Jak robić zakupy na promocji

ON

Podobno badania dowodzą, że to kobiety lepiej robią zakupy. Że lepiej zarządzają pieniędzmi. Ja z tym polemizował w zasadzie nie będę. Choć internet jest pełen żarcików z kobiet na zakupach. Choć ciągle się z nich nabijamy, że wszystko wydają na buty czy inne bzdury. Kiedyś nawet myślałem, że umiem robić zakupy. Tym bardziej z listą. Tym bardziej z listą zrobioną przez kogoś innego. Ale moja kobieta już mi niejednokrotnie udowodniła, że nie. Że nie wiem i nie umiem.

Ona czasem idzie na zakupy z listą: „kurczak, sos słodko-kwaśny, ryż”, a wraca z mięsem mielonym i butelką wina. Mówi, że było w promocji. Ja jem spaghetti. Jest fajnie.

Ja ostatnio poszedłem na zakupy z listą trzydziestu rzeczy. Kupiłem wszystko, poza tym jednym kawałkiem wołowiny, co go nie było. Popatrzyła na torby i powiedziała, że bez wołowiny Ona tej węgierskiej zupy nie zrobi i że te selery i pietruszki mogę sobie wsadzić. Nie bardzo miałem ochotę je sobie wsadzać, więc ruszyłem na powtórne poszukiwania. I znalazłem jej tę wołowinę. Nazywała się podstępnie Black Angus, ale okej. Krowa to krowa. Zupa była wyborna. Niestety Beata znalazła paragon za tego Angusa. Nazwała mnie brzydko i powiedziała, że teraz to oboje będziemy do końca miesiąca pietruszkę selerem zagryzać. To ja też popatrzyłem na ten paragon. To chyba faktycznie jakaś bardzo znana krowa była.

I ja ją właśnie za to podziwiam. Ja, jak mam iść do sklepu po coś, to idę po to. Ja nie wymyślam tych cen. Ja nie robię zakupów na tureckim targowisku, żeby jakoś te ceny negocjować. Ja zdobywam każdą rzecz z listy, płacę, targam tę zdobycz do domu i żądam nagrody za swoje odważne działania. A Beata? A Beata krąży po tym sklepie, wypatruje, wyszukuje…

Ona potrafi pod wpływem promocji na filety z kurczaka zmienić dwadzieścia punktów na liście zakupów bez mrugnięcia okiem. Mnie to imponuje.

Ostatnio ją zapytałem, co tam dźwiga w torbie. A Ona z dumą zaprezentowała mi interes życia. Mianowicie u jakichś Francuzów założyła jakąś kartę klienta, w związku z czym do kolejnych zakupów należał jej się tusz do rzęs gratis. A taki tusz normalnie to prawie trzy dyszki podobno. Ona przebiegle poczekała na następną promocję, kiedy jej powiedzieli, że do dowolnych zakupów lakier do paznokci gratis (co to normalnie dwadzieścia coś). Więc Ona kupiła trzy żele pod prysznic w cenie dwóch (dała dwadzieścia coś zamiast prawie czterdziestu) i dostała ten tusz i ten lakier. I już miała wychodzić, ale zobaczyła kątem oka, że jest promocja „dwa takie same kosmetyki w cenie jednego". No to poszukała, co tam mają drogiego, bo im droższy jeden, tym większa obniżka, nie? To sobie zgarnęła dwie wody toaletowe za stówkę zamiast dwóch stówek i jeszcze dostała darmową kosmetyczkę za zakup powyżej siedemdziesięciu złotych. Czyli w sumie wyniosła kosmetyki o wartości ponad trzystu złotych, płacąc jakieś sto dwadzieścia pięć.

Ja jej słuchałem normalnie z podziwem i otwartą gębą i robiłem notatki. Doskonałość. Ona jest taka przebiegła, że niedługo na zakupach te sklepy będą jej jeszcze dopłacać do towaru, który wynosi. Złodzieje rzucą swój fach i zaczną do niej chodzić na kursy. Bo to jest rozbój w biały dzień, to, co Ona robi tym sprzedawcom normalnie. Mogłaby się w każdej chwili spokojnie przebranżowić i być zakupowym coachem. Robić live na Fejsbuku z polowań na promocje. Geniusz. Czysty geniusz.

ONA

Jak kompletna idiotka wydałam dziś ostatnie grosze na jakieś śmierdzące francuskie kosmetyki, których nawet nie potrzebuję. Kasa na żarcie się kończy. Będę zagryzać seler pietruszką do końca miesiąca. Może chociaż schudnę.

Znacie to uczucie,
kiedy powiecie komuś coś złośliwego
i potem żałujecie?
Ja też nie.

Chodź tu! Nie działa mi coś
Próbowałaś **wyłączyć i włączyć**?
Tak
Hm hm hm... To może oznaczać tylko jedno...
Zepsuło się. Musisz kupić nowego laptopa
Nie wiem, jak ja sobie bez ciebie radziłam tyle czasu!
Jak będziesz zamawiać, to weź mi myszkę, bo mi coś przerywa

Cieknący kran

ONA

Podobno feminizm się kończy, jak trzeba wnieść lodówkę na szóste piętro. Ja akurat, kiedy miałam taką potrzebę, to zapłaciłam za tę usługę i mi do kuchni elegancko wnieśli, ustawili i wszystko. Z tego, co wiem, feminizm Tomka z góry też się skończył w tym miejscu. Przyszli panowie z salonu meblowego, wnieśli kanapę, a on tylko podpisał i siadł. Można? Można! Więc ogólnie rzecz biorąc, to ja jestem taką trochę feministką, ale umiarkowaną. Ja jestem ogólnie całym sercem za równouprawnieniem, równym traktowaniem i wynagradzaniem w pracy równym, ale nie po to pozwoliłam tu mieszkać facetowi, żeby się teraz użerać z cieknącym kranem.

I tak myję ręce, patrzę, a tu kran cieknie. No to od razu idę do mojego mężczyzny, który zalega majestatycznie na kanapie z laptopem na kolanach i piwem w ręku, i mówię do niego:

– Kran nam cieknie.

– Yhyyyy – odpowiada mój mężczyzna z całą stanowczością.

– Znaczy, że widziałeś? – Postanawiam się upewnić.

– Mhmmm.

– I zrobisz coś z tym? W sensie z kranem? Jakieś działania podejmiesz, żeby nie ciekło z kranu tego?

– Yhy.

– Ja myślę, że to nic poważnego, że to jakaś uszczelka pewnie tylko, co nie?

– Aha.

No. To chyba załatwione. Bardzo mi się podoba ta moja nowo odkryta asertywność i stanowczość. Że to ja mówię, zarządzam i ktoś to wykonuje. A nie ciągle tylko „Pani Beatko, poproszę ten raport do 14" albo „Pani Beatko, proszę wyjść z Fejsbuka i wziąć się do pracy".

Rano kran nadal nienaprawiony, ale widocznie nie mamy takiej uszczelki. Zrozumiałe. Adrian pracuje zdalnie w tym tygodniu, to na pewno wyrwie się na chwilę, skoczy do sklepu i kupi.

Dzień trzeci. Mimo misternego ustawienia kubeczków w punktach strategicznych woda z kranu wycieka szafką podumywalkową i zalewa pół łazienki. Opieprzony mężczyzna mówi mi, że On myje ręce nad wanną i poleca tak robić. Zabiję drania.

Dzień ósmy kryzysu kranowego. Postanowiłam postawić sprawę jasno, bo ja się nie będę przecież schylać nad tą wanną do końca życia. Na ostro, ale i na zimno to rozegrać. Takie wasabi mu zrobić. Wracam z pracy i nic. Ani słówkiem o kranie. Śmieszki przy kolacji, kąpiel, sexy koszulka i wskakuję pod kołdrę.

Przynęta chwyciła. On też wskakuje. Ręce wędrują i wtedy pytam:

– A kran? Kran naprawiłeś?

– Naprawię... Wszystko ci naprawię... Jesteś moją Ukochaną, moją Gołąbeczką...

– Cooooo?!?! – zrywam się na równe nogi rażona niekłamanym oburzeniem. – Nie dość, że **NADAL** kranu nie naprawiłeś, to jeszcze nazywasz mnie **GOŁĄ BECZKĄ**?! Won na kanapę!

– Ale... ale... ja nie wiem... ja tam zaglądałem... ale ja nie jestem hydraulikiem przecież... no weeeź przestań... no choooooooodź... wracajmy do łóżka może, co?

– Ty nie jesteś hydraulikiem, a ja nie jestem… no… już ty dobrze wiesz, kim ja nie jestem! Już! Poszedł do drugiego pokoju!

I poszedł.

Muszę przyznać, że nawet się wyspałam bez jego chrapania.

A następnego dnia? Wracam z pracy, kran naprawiony, w kuchni czeka wino i kwiatek… Można? Można! Jak trzeba, to jednak każdy facet może być hydraulikiem. Meninizm kończy się tam, gdzie zaczyna się spanie w samotności.

ON

Są takie poradniki w internecie, że żeby przetrwać z kobietą, to generalnie trzeba dużo przytakiwać. I to właściwie działało. Do tej pory. Nagle Ona wraca z pracy i coś krzyczy, że przecież wczoraj obiecałem, że kran naprawię. Wczoraj… co ja robiłem wczoraj? Pamiętam, że czytałem na Wikipedii o różnicach między postrockiem a mathrockiem (sam nie wiem czemu, za daleko zasurfowałem w internecie) i że Ona tam stała w drzwiach przez chwilę i coś mówiła, ale jaki kran w ogóle? Nawet nie wiedziałem, że zepsuty. No to idę, patrzę, no i faktycznie cieknie. Ale przecież wystarczy na razie kubeczek podstawić, a potem się coś z tym zrobi. Załatwione.

Następnego dnia się okazuje, że jestem w błędzie i wcale nie załatwione. Chyba to trzeba będzie naprawdę jakoś naprawić. Podstawiam kolejny kubeczek.

Boże. Zwariuję z tą kobietą. Powiedziałem, że się tym zajmę, to się tym zajmę. Nie musi codziennie o tym gadać.

Oho. Chyba zaczyna się jakiś kryzys. Wygnała mnie na kanapę. Parę nocy bez seksu jakoś przeżyję, ale ten peerelowski mebel mi kręgosłup wykończy. Zabrała focha i poszła z nim do pracy, więc ja schodzę do sklepu. Piwo, wino, kwiaty… strasznie drogie te kwiaty… biorę jednego… Za sprytnie zaoszczędzone pieniądze dokupuję jeszcze zgrzewkę jakiegoś piwa, po którym „chce się rzy…", i w drodze powrotnej zaglądam do Pana Waldka. Pan Waldek jeszcze średnio przytomny, ale dostrzega sześciopak i piętnaście minut później kranowy kryzys zostaje zażegnany. Można? Można! Sama mogła po niego pójść, zamiast mi głowę suszyć od tygodnia.

Och, nie trzeba było!
Zawsze chciałaś **kolię z diamentów**, więc wszedłem na stronę jubilera...
O rety! O rety!
To ziemniaki
Ta, no daj mi skończyć
Strona jubilera nie działała...

Jak nie robić zakupów w internecie

ON

Muszę kupić nową myszkę. Pewnie myślicie, że wystarczy pójść do sklepu, wziąć myszkę z półki, zapłacić i załatwione? Nic z tych rzeczy.

Takie sprawy trzeba gruntownie przemyśleć. Mogę jeść śmieciowe żarcie, przepłacać za zakupy spożywcze i kupować ubrania w dyskoncie, ale jeśli chodzi o kupowanie jakiegokolwiek sprzętu, muszę najpierw zrobić gruntowny research w internecie, przeanalizować wszystkie za i przeciw, porównać produkty pod względem kosztów, jakości oraz użyteczności i najlepiej zrobić jeszcze jakąś tabelkę. Na papierze, bo nie umiem Excela. Chyba że Beata mi pomoże.

Myszki mogą być przewodowe lub bezprzewodowe, to po pierwsze. Jedno i drugie ma swoje zalety. Myszka przewodowa ma – tu niespodzianka – przewód, dzięki czemu przepływ danych jest szybszy i nie ma żadnych opóźnień. To się przydaje w grach, a ja czasem gram, jak siedzę przed kompem i się okazuje, że skończyłem robotę, a tu jeszcze smarkata godzina. Z drugiej strony mamy myszki bezprzewodowe, które – drugie zaskoczenie – nie mają przewodu, dzięki czemu nic ci się nie plącze po biurku i szanse na to, że potrącisz kubek i wylejesz sobie gorącą kawę na nowy tablet graficzny za trzy tysiące złotych drastycznie maleją. To kuszące, bo ja nie mam pieniędzy za bardzo.

Zatem bezprzewodowa. Pieniądze są ważniejsze niż idealne headshoty w *Counter Strike*'u. Przechodzimy do drugiego kryterium. Laserowa czy optyczna? Tutaj z kolei odwrotnie – nazwy oznaczają zupełnie co innego, niż się wydaje. Laserowa myszka wcale nie napierdziela laserem jak blastery w *Gwiezdnych Wojnach*, tylko ma taką maluteńką dziurkę z szybką, zupełnie nieimponującą, i to jest ten laser niby. Natomiast optyczna na odwrót – świeci na czerwono jak popieprzona. Ten, kto wymyślał te nazwy, chyba nie bardzo wiedział, o co chodzi z tym całym językiem polskim. Jakby miał do nazwania ten **NIELUDZKI** przyrząd, który kobiety sobie przykładają **DO OKA** i ściskają nim rzęsy (przerażająca sprawa), toby go nazwał przewrotnie seksownie – na przykład, nie wiem, „zalotka".

Ale wróćmy do myszek! Poza tym, że jedna napierdziela światłem, a druga nie, optyczna od laserowej różni się też drugim, dość istotnym szczegółikiem. Jest tańsza. Mniej precyzyjna niby, ale po mniej więcej sześciu godzinach studiowania różnych forów internetowych oraz grup na Fejsbuku stwierdzam, że nie jest to szczególnie zauważalne. A, i optyczna działa na różnych powierzchniach, a laserowa tylko na gładkim.

Zatem optyczna. Wszystko już wiemy, powiecie. Guzik wiemy. Teraz sprawa przycisków. Kiedyś były dwa przyciski i wszyscy jakoś żyli, nikt się taką myszką nie zabił nigdy. Ale teraz wybór przycisków jest tak przeogromny, że czuję się jak ten osiołek, co mu w żłoby dano. Przyciski z lewej strony („wstecz" i „dalej") to już standard, jeśli ich nie macie, to nie wiem, jak wy w ogóle funkcjonujecie w internecie. Ale, ale! Jeszcze przycisk-pokrętło pośrodku – też sprawa **NIEZBĘDNA**. Do tego dochodzą takie rzeczy jak przycisk regulujący czułość myszki, suwak do powiększania zdjęć czy guzik uruchamiający wskaźnik laserowy (ulubiona zabawka wszystkich kociarzy). Że już nie wspomnę o dodatkowych przyciskach, pod które możesz podpiąć praktycznie każdą funkcjonalność w Windowsie. To by mi znacznie przyspieszyło pracę! Wiele rzeczy robię skrótami klawiaturowymi, a tak miałbym to wszystko pod jedną ręką. To będzie nawet dłuższy research, niż podejrzewałem.

OKEJ, MAMY SUKCES! Jest druga w nocy i mam wybrane trzy myszki. Jedna z **SZEŚCIOMA PRZYCISKAMI SPECJALNYMI**, ale przewodowa. Druga bezprzewodowa ze standardowymi przyciskami, ale za to **ŁADNY DESIGN**. I trzecia laserowa, więc droższa, ale ma dodatkowo wskaźnik laserowy **I MOŻNA NIM ŚWIECIĆ PO ŚCIANACH**. Nie wiem po co, ale chcę to. Zamówię wszystkie, przetestuję, wybiorę jedną **OPTYMALNĄ**, a pozostałe zwrócę, bo wolno. Wszystko jasne, zamawiam.

A, moment, Beata mówiła, że jej się myszka zacina. Może jej też kupię.

– Kochanie…

– Mhmmmm…

Coś nierozmowna. Może dlatego, że śpi od dwóch godzin, kto wie.

– Zamawiam myszki, chcesz myszkę?

– Chcę.

– Jaką?

– Niebieską.

– Ale… bezprzewodowa… czy laserowa…?

– Niebieściutką chcę.

Nie jestem do końca pewien, czy Ona nie mówi tego przez sen. No ale nic. Chce niebieściutką, to będzie miała. Tylko niech potem nie narzeka, bo jest tylko jedna w tym kolorze, **MA BARDZO MAŁO PRZYCISKÓW, NIEWYGODNY KABEL, A TEN KSZTAŁT TO CHYBA ŚLEPY PROJEKTOWAŁ**.

Myszki przyszły. Ona zadowolona, bo kolor ładny.

Moje nie działają.

Nie jestem w tym wieku,
żeby nieświadomie popełniać błędy.
Popełniam je
z pełną świadomością.

37,6 STOPNIA
Coś mnie dzisiaj głowa boli...

36,7 STOPNIA
To chyba już **koniec**
Przynieś kartkę i długopis...
Przepiszę na ciebie **moje długi**

Jak wysoka gorączka zabija faceta i dlaczego 37 stopni

ONA

– Halo? Mam tu umierającego człowieka.

– **JEZUSMARIA, DZIEWCZYNO, POMYLIŁAŚ NUMERY! NA POGOTOWIE DZWOŃ!** – Magda wydaje się naprawdę przerażona. Głupia jestem, nie chciałam jej wystraszyć.

– Przepraszam, nie o to mi chodziło – tłumaczę szybko. – Adrian jest chory.

– **NO CZY TY JESTEŚ POWAAAA**.... aaaa! A! To rzeczywiście gruba sprawa. Co mu jest?

– Nie wiem do końca. Kaszle. **I BARDZO LEŻY W ŁÓŻKU.** Leży w łóżku całym sobą, powiedziałabym.

– Mój, jak jest chory, to oczekuje rosołu. Ugotuj mu rosół.

– Jak to się robi?

– JAK TY CHCESZ BYĆ PERFEKCYJNĄ PANIĄ DOMU, JAK NIE UMIESZ ZROBIĆ ROSOŁU?

To się nazywa prawdziwa przyjaciółka. Ja tu do niej dzwonię w potrzebie, a ona mi się śmieje w twarz. Znaczy w ucho. W ucho mi się śmieje!

– Kto powiedział, że chcę być perfe…

– Nie no, żartuję, ja też nie umiem. Po prostu zalewam mu wrzątkiem jakąś zupkę chińską i mówię „masz, jedz, a jak ci nie smakuje, to jedź do mamy". To też działa, polecam.

– **DOBRA**, z tobą to taka rozmowa! Pa!

Rozłączyłam się. Jakbym chciała się na darmo zdenerwować i przy okazji po raz kolejny zwątpić w swoje zdolności kucharskie, tobym do matki zadzwoniła. Wyszłoby na to samo.

Wchodzę do sypialni. Grobowa atmosfera rozpaczy i nieuchronnych Rzeczy Ostatecznych unosi się w powietrzu, a o męską dumę można się potknąć w progu. Adrian leży pod kołdrą i **RZĘZI**. Tak sądzę przynajmniej, że to jest właśnie rzężenie. Pochylam się nad nim zatroskana i kochająca, tak bardzo, jak tylko umiem.

– Jak się czujesz? – pytam, składając dłonie jak do modlitwy. W odpowiedzi otrzymuję gest ręką, który wygląda jak jakieś błogosławieństwo. Coś w stylu „odpuszczam tobie grzechy, idź w pokoju. Albo do kuchni. I zrób mi rosół".

– Mierzyłeś gorączkę? – nie poddaję się. Jestem jego kobietą i muszę o niego dbać, żeby mi tu nie umarł na ten kaszel. Bo znów będę sama.

– Taaak... – odpowiada głosem człowieka, który czeka już tylko na śmierć, po czym drżącą ręką podaje mi termometr.

– Trzydzieści siedem i trzy... – odczytuję. – Wiesz, od tego się nie umiera raczej. To nawet nie jest gorączka jeszcze...

– Hhhhyyy... – Nie wiem, czy to jest bardziej tak czy nie, czy coś mu wpadło do gardła po prostu.

– Chcesz pić? Zrobię ci pić! – postanawiam i wychodzę, zanim zdąży mi odpowiedzieć.

Nie mogę długo obcować z chorobą, bo mi się udziela, zaraz się sama źle czuję, chociaż nic mi nie jest tak naprawdę. Hipochondria. O, już czuję, że mnie stawy zaczynają boleć. Zrobię sobie też coś ciepłego do picia, to zaraz mi się polepszy. I jemu też, mam nadzieję.

Patrzę na termometr, który mu zabrałam, żeby sobie nie zrobił krzywdy (w końcu tam jest rtęć, a On nie jest obecnie w pełni sprawny). Ciekawe, jaką mam temperaturę. W dzieciństwie zawsze miałam niższą niż normalni ludzie, dzięki czemu wizyta u szkolnej pielęgniarki zwykle kończyła się wypuszczeniem mnie do domu „tak na wszelki wypadek". Bardzo sobie ceniłam tę przypadłość. Z wiekiem pewnie mi przeszła...

Wchodzę do sypialni ponownie. Wita mnie głosem przypominającym skrzypienie starych, spróchniałych drzwi. Podsuwam mu termometr pod nos, zanim zacznie mi mówić coś o pisaniu testamentu.

– Posuń się, świrze. Mam trzydzieści dziewięć stopni – mówię, kładąc się obok niego. – I zadzwoń po lekarza, ugotuj mi rosół, nie wiem… Zajmij się mną. Zanim umrę.

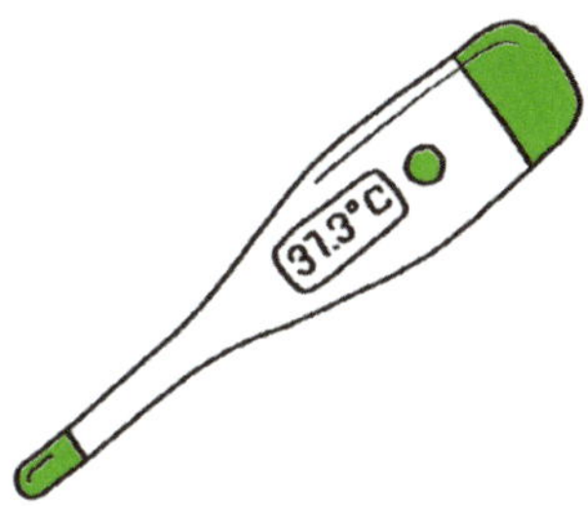

KIEDY WYPADA SPYTAĆ KOBIETĘ, CZY JEST W CIĄŻY

10 pytań, których nie należy zadawać kobiecie

1

Czy ty przypadkiem nie przytyłaś?

2

Po co ci tyle ciuchów?

3

Twoja najlepsza przyjaciółka to jakaś idiotka – musisz się z nią zadawać?

4

Chyba się trochę zaokrągliłaś, co?

5

Twoja torebka nie jest zepsuta – naprawdę potrzebujesz kolejnej?

6

Masz zamiar tak wyjść? Nie umalujesz się?

7

Naprawdę chcesz to zjeść?

8

ILE WAŻYSZ?

9

PMS cię dopadł, co?

10

A co to za fałdeczki ci tu wystają?

10 pytań, których nie należy zadawać facetowi

1

Czy ja przytyłam?

2

Podoba ci się ta dziewczyna?

3

Co jest dla ciebie ważniejsze, ja czy twoi kumple?

4

Czy to zawsze tak krótko trwa?

5

O CZYM MYŚLISZ?

6

Czy ta sukienka mnie pogrubia?

7

Kiedy ty mi się oświadczysz wreszcie?

8

Śniłam ci się?

9

GDZIE BYŁEŚ TYLE CZASU?

10

Ile chcesz mieć dzieci?

Jestem świetna w łóżku.

Nie zabieram całej kołdry
i śpię do południa.

Mocniej!
Wepchnij go!
AU! To boli!
Nooo, ale przynajmniej teraz stoi prosto!
Palec sobie przyciąłem

Jak nie podsłuchiwać

ONA

Muszę niestety przyznać, że się skompromitowałam trochę. Ale nie moja wina przecież! Bo to tak było, że On sobie zaprosił Michała na piwo. No i dobrze. Niech się nie szlajają po mieście. Niech sobie porozmawiają o męskich sprawach, a ja sobie poleżę. Zostawiłam ich, idę sobie herbatkę zrobić w kuchni i ledwie czajnik przestał szumieć, a oni już:

– Pamiętasz tę Irenę, co do nas przychodziła, jeszcze jak mieszkałeś? – Michał to ma głos jak spiker radiowy.

– No, no – odpowiada mój elokwentny wybranek.

– Miałem po nią dzwonić ostatnio, bo wiesz, he, he, kawalerskie życie...

– No, domyślam się. He, he.

Tutaj nastąpiła jakaś seria mruków, śmiechów i siorbania piwa. Już miałam odpuścić podsłuchiwanie, ale oni dalej ten temat ciągną:

– Ale mi kumpel z poprzedniej pracy polecił inną.

– I co? Lepsza jest? Daj spokój, Irena dawała radę.

– Ja przecież nie mówię, że nie dawała. Nigdy nie narzekałem.

– Nas dwóch ogarnąć? Wejść do jaskini dwóch kawalerów za sto pięćdziesiąt złotych?

– Ale chłopie! Ta Monika, co do niego przychodzi, to młodziutka jest, dopiero co do Warszawy przyjechała i nie ma jeszcze stałych klientów. Dzwonisz i zaraz jest! Myślę, że nawet jak Aśka się już wprowadzi, to będę po nią dzwonił czasem. Weź, chłopie! Za siedemdziesiąt złotych wszystko zrobi!

– Wszystko?

– No **WSZYSTKO**! I to z uśmiechem. Pewnie stawki niedługo podniesie, ale się trzeba cieszyć, póki jest! Chcesz, to dam ci numer.

– No nie wiem, czy Beata by chciała, żeby kogoś tu wpuszczać...

– Daj spokój! One są zadowolone, bo sobie zarobią. A Beata na pewno wolałaby ten czas przesiedzieć przy tych swoich tabelkach w Excelu i zarobić te pieniądze, niż zasuwać na kolanach. Jeszcze ci podziękuje, zobaczysz.

No i wtedy wpadłam. Z krzykiem. Niekoniecznie mam ochotę przytaczać teraz wszystkie słowa, które powiedziałam, że myślę o tych dwóch męskich szowinistycznych świniach. Zaprawdę, brzydkie to były słowa.

Ale skąd, no skąd mogłam wiedzieć, że chodzi o panią do sprzątania?

– Czy ty mnie masz za idiotę,
któremu trzeba zawsze
dwa razy powtarzać?

– Nie, nie.

– Masz ochotę na seks?

– Z tobą? Czy tak ogólnie?

JAK SPRAWDZIĆ COŚ W INTERNECIE

Dylatacja czasu

ON

Wiecie, co to jest dylatacja czasu? Ja nie wiedziałem, ale sprawdziłem w Wikipedii. To „zjawisko różnic w pomiarze czasu dokonywanym równolegle w dwóch różnych układach odniesienia, z których jeden przemieszcza się względem drugiego”. Tak brzmi definicja oficjalna, opracowana przez siwe uczone głowy, które badają różne kosmosy i inne teorie względności. Nie będziemy się tym zajmować, bo słyszałem, że od tego można dostać paranoi. Einsteinowi na przykład się to przytrafiło, a przynajmniej tak przeczytałem na jednym śmiesznym obrazku w internecie. Jest jednak inna odmiana dylatacji czasu, która również tyczy się tego, że czas płynie w różnym tempie w zależności od okoliczności. Najbardziej oczywisty przykład to drzwi publicznej toalety. Czas przed drzwiami płynie **NIEPORÓWNANIE WOLNIEJ** niż czas za drzwiami, kiedy już się dostaniesz do środka. Nie wiadomo, jak to się dzieje, ale każdy przyzna, że to prawda.

Niektórzy twierdzą, że podobne zjawisko zachodzi we śnie. Wiecie, jak w *Incepcji*. Śnią ci się niesamowite wydarzenia, scenariusz na cały serial na Netfliksie, i to w kilku sezonach, a po przebudzeniu okazuje się, że po prostu przysnąłeś na pół godzinki. Magia. To wrażenie rozciągnięcia czasu jest też spotęgowane tym, że jak śnisz, to nie pamiętasz, kiedy to się zaczęło. Wydaje ci się, że jesteś w trakcie jakichś wydarzeń, które ciągną się od dawna, od zawsze właściwie. Nie wiesz, że śnisz. Dopiero zaraz po przebudzeniu uświadamiasz sobie, że wcale nie zalegasz z magisterką, nie potrafisz latać ani nie wypadają ci zęby (czy cokolwiek wesołego właśnie ci się śniło i sprawiało wrażenie rzeczywistości).

PO CO TY O TYM WSZYSTKIM PISZESZ, DO CHOLERY, pytacie i ja się wam nie dziwię. Przejdźmy do sedna po tym przydługim wstępie. A sednem jest pewne urządzonko, które w magiczny sposób łączy oba powyższe paranormalne zjawiska, czyli dylatację czasu i tę senną „incepcję". Urządzonko, które większość z nas ma w domu, bo w końcu żyjemy w XXI wieku. Nazywa się komputer.

Nikt nie wie, jak to się dzieje, ale komputer tworzy alternatywny wymiar, osobną odnogę czasową czy coś, wirtualną rzeczywistość. I nie mówię tu o tych spektakularnych grach wideo, które przerażają mnie za każdym razem, kiedy stwierdzam, że grafika komputerowa jest obecnie wyraźniejsza niż życie, a główny bohater ładniejszy niż ja sam. Nie – to nie musi być gra. To może być cholerny Instagram, Twitter, strona ze śmiesznymi obrazkami czy nawet porządkowanie pulpitu.

Przykład. Siedzę sobie przed komputerem i scrolluję Fejsbuka w najlepsze. Ktoś zmienił profilowe, ktoś „bierze udział w wydarzeniu w Twojej okolicy", a ktoś inny rozwiązał quiz i okazało się, że spośród wszystkich księżniczek Disneya najbardziej przypomina Księżniczkę Leię. Dzieje się. Jak to na Fejsbuku. Bawisz się świetnie, o ile oczywiście można się w ogóle bawić, scrollując tonę spamu. Przecież nawet przy tych śmiesznych obrazkach, co dasz im „lajka", to nie zaśmiewasz się w głos, tylko co najwyżej głośniej wypuszczasz nosem powietrze. No ale nieważne. Jesteś bardzo na Fejsbuku w każdym razie. I kiedy akurat myślisz sobie, że może by zagrać w tę grę, w której „Twój znajomy właśnie pobił rekord, zdobywając 246 punktów", dzieje się coś niesamowitego. Nagłe przebudzenie. Raptowne przerwanie stanu nirwany, ocknięcie się z „incepcji". Twoja kobieta stoi w drzwiach wystrojona jak na bal maturalny i krzyczy coś niezrozumiałego. Patrzysz po sobie – okazuje się, że ty też jesteś wystrojony. Wszystko, czym do tej pory się zajmowałeś, okazało się złudzeniem, snem, matriksem. Nie miałeś o tym pojęcia, bo byłeś wciągnięty w internet. Nie wiedziałeś ani kiedy zacząłeś scrollować, ani po co właściwie podszedłeś do komputera. Na szczęście Twoja Ukochana szybko ci to uświadamia.

– NO WYDRUKOWAŁEŚ TE BILETY? PRZECIEŻ JESTEŚMY SPÓŹNIENI!

Dokładnie tak jak po przebudzeniu ze snu zdajesz sobie sprawę, że przecież to nie jest żadne leniwe sobotnie popołudnie, tylko piątkowy wieczór, i że nie siedzisz przed kompem od rana, ale od pięciu minut, bo siadłeś tu tylko po to, żeby wydrukować bilety na sztukę, na którą właśnie się wybieracie.

Czary-mary.

Pisząc ten tekst, uświadamiam sobie, że właśnie siedzę przed komputerem i może w rzeczywistości w tej chwili wybieram się na jakiś sylwester, chociaż wydawało mi się, że jest kwiecień. Odwracam się nerwowo za siebie, patrząc na drzwi. Nikt tam nie stoi. Beata ogląda *Black Mirror* w drugim pokoju. Dzięki Bogu.

Ja się paranoi nabawię i bez myślenia o teorii względności. Einstein pewnie też za dużo siedział w internecie.

Włożyłam sukienkę **z dużym dekoltem**, bo odwraca uwagę od tego, że mam **krzywe nogi**
W tej chwili nie wiem nawet, **czy w ogóle masz nogi**

Jak nie wybierać się do teatru

ONA

Znacie te wszystkie żarciki i śmieszne obrazki o tym, jak to małżeństwo się spieszy i ona lata po mieszkaniu, i już dawno są spóźnieni, a on stoi w drzwiach i patrzy nerwowo na zegarek? Że niby to kobiety się zawsze spóźniają. Że nasze pięć minutek to tak naprawdę pół godziny. Że facet to jest gotowy w try miga, a na kobietę zawsze trzeba czekać. Guzik prawda.

Po pierwsze, pewnie, że im to mniej czasu zajmuje, bo niby co oni mają do roboty? Przecież nóg nie golą, makijażu nie robią, sukienek nie przymierzają. Całe ich zadanie to **PRZEBRAĆ SIĘ ORAZ NIE ŚMIERDZIEĆ**. I spełnienie tych dwóch – wydawać by się mogło – oczywistych warunków oni nam potem sprzedają jako wypełnienie spektakularnego zadania, *mission impossible* normalnie.

Po drugie, chociaż nie mają nic do zrobienia, to i tak z tym niczym potrafią się nie wyrobić. Tak jest przynajmniej w przypadku mojego Wybranka. Już by był gotowy, ale przecież sprawy wagi państwowej mu wyskoczyły na ekranie telefonu czy innego komputerka i został, biedaczyna, w jednym bucie. I żeby On chociaż rzeczywiście coś istotnego tam załatwiał albo myślał nad sprawami ważnymi, nie wiem – teorią względności, dylatacją czasu, cokolwiek. Gdzie tam, Fejsbuka scrolluje.

Zaprosił mnie do teatru ostatnio. Spontanicznie. Faceci potrafią być spontaniczni i się domyślać, czego pragną kobiety – trzeba im tylko regularnie wysyłać zrozumiałe sygnały. Na przykład takie:

– Zabierz mnie do teatru, chcę do teatru, zabierz mnie.

Tak mu mówię i powiem wam, że – jasne, nie za pierwszym, nie za drugim razem, ale w końcu po jakichś dwóch tygodniach subtelny sygnał dociera i mój facet **SAM SIĘ DOMYŚLA**, sam znajduje sztukę, sam znajduje teatr i sam kupuje bilety. Wszystko sam. Ich naprawdę nie trzeba za rękę prowadzić, wystarczy tylko podpowiedzieć to i owo.

No więc jestem szczęśliwa niezmiernie, bo oto mój facet tak mnie kocha, że aż mnie do teatru zabiera, a wiadomo, że nie robi tego dla przyjemności, bo co On wie o teatrze. Tyle co ja. Ale nie chodzi o to, czy sztuka dobra ani czy ja coś z niej zrozumiem. Chodzi o sam fakt, że idziemy we dwoje do teatru jak para dorosłych, dojrzałych emocjonalnie, zakochanych ludzi. Jak na filmach jakichś.

Upragniony romantyczny wieczór nadchodzi, więc latam od dłuższego czasu po mieszkaniu w totalnej panice, bo przecież ani nie mam w co się ubrać, jak się okazało, ani nie umiem robić makijażu. Przed niektórymi stereotypami nie ma jednak ucieczki, w pewnym momencie cię dopadają wszystkie naraz, i to zawsze wtedy, kiedy się spieszysz. Momentalnie jestem tą kobietą z tych wszystkich internetowych żartów: naprawdę pięć minut mi się rozciąga do pół godziny i sama się dziwię, że się dziwię, że mój facet już dawno ubrany sobie siedzi i czeka, a ja tu dopiero w jednej pończosze przebiegam przez przedpokój jako ta spłoszona, pijana łania. Walczyłabym z tym stereotypem, z tym szowinistycznym zaszufladkowaniem, **ALE, KURWA, NIE MAM NA TO CZASU W TEJ CHWILI. ROMANTYCZNY WIECZÓR W TEATRZE MNIE CZEKA, DO CHOLERY, ZA DZIESIĘĆ MINUT POWINNIŚMY WYJŚĆ, A JA JESTEM W OGÓLE NIEZROBIONA.** I jak ja taka niezrobiona wyjdę, jak ja będę przy nim wyglądać? Obrazi się i więcej nigdzie mnie nie zabierze – tak sobie myślę. Za dużo myślę, jakbym tyle nie myślała, to już bym była gotowa dawno. Pędzę się miotać dalej. Z każdą chwilą jest coraz lepiej. W pończochach poszło mi oczko. Sukienka okazała się niedoprasowana. A jak patrzę w tym świetle, to buty mam zupełnie nie pod kolor sukienki. Ale spokojnie! **SPOKOJNIE!** Przecież idę z facetem. On nie rozróżnia kolorów, a w sukience widzi tylko dekolt, o ile jest wystarczająco duży. I za to go kocham właśnie. A kto mnie niby będzie oglądał poza nim? W teatrze to się chyba na scenę patrzy, co nie? Tak pytam, nigdy nie byłam (teatrzyki kukiełkowe w podstawówce się nie liczą). **DOBRZE!** Znaleźć zdatne pończochy i lecimy. Mam. Udało się. Wpadam do pokoju, gdzie przed chwilą wszedł mój Luby, żeby bilety wydrukować.

Siedzi na Fejsie.

– **CZYM TY SIĘ ZAJMUJESZ, DO CHOLERY?** – pytam grzecznie.

Odwraca się, wzrok ma nieprzytomny. Patrzy na mnie, jakby zobaczył ducha. Następnie patrzy na siebie, jakby właśnie kosmici go teleportowali ze swojego latającego spodka, bo nie mogli wytrzymać z jego indolencją.

– NO WYDRUKOWAŁEŚ TE BILETY? PRZECIEŻ JESTEŚMY SPÓŹNIENI!

Chyba zaskoczyło. Jakieś trybiki zaczęły trybić, czy co tam robią trybiki.

– A… tak. Już drukuję – odpowiada, sam nie bardzo wierząc w swoje słowa. Ale klika tam coś na ekranie, drukarka zaczyna warczeć i po chwili wypluwa nasze bilety. Możemy iść. Jestem piękna w pięknej sukience i mam u boku przystojnego faceta, który mnie kocha i ma bilety. To wszystko, czego potrzebuję w tej chwili. Romantyczny wieczorze, nadchodzimy!

– Poczekaj chwilę, **MUSZĘ DO KIBLA** – mówi wtedy On i udaje się do łazienki.

Romantyczny wieczorze, zaczekaj jeszcze chwilkę. Mój Romeo musi do kibla.

Fejsbuk codziennie uświadamia mi,
**że ludzie brzydsi ode mnie
się zaręczają**.

Dlaczego chce pan u nas pracować?
Bo muszę **jeść**
A dlaczego mielibyśmy pana zatrudnić?
Bo potrzebujecie pracownika, a poza mną nikt się nie zgłosił
Ostatnie pytanie... Jaka jest pana największa wada?
Bezczelność
Albo **bezmyślność**. Zawsze mi się myli...

Dzień z życia faceta

ON

Miałem dziś rozmowę o pracę. Nie żebym specjalnie jakoś potrzebował nowej pracy (szczególnie że niedawno dostałem podwyżkę), ale płacą lepiej, no to czemu nie spróbować. Rano trochę zaspałem, więc wziąłem szybki prysznic, doprowadziłem się do ładu przed lustrem i wbiłem w niestety już nieco nazbyt opięty garnitur. Buty mnie cisnęły jak nie wiem co, ale inne nie pasowały, więc stwierdziłem, że muszę przecierpieć. W tramwaju był okropny ścisk, jak to o tej porze, i jeszcze jakaś obleśna baba się o mnie ocierała. Fu! Obrzydliwe. Spojrzałem na nią wrogo, to zrobiła minę, jakby była z siebie strasznie dumna.

Ostatecznie dotarłem pod adres firmy pół godziny za wcześnie. A że nie chciałem wyjść na nadgorliwego, a kiszki mi grały marsza, poszedłem do jakiejś budy. W sumie nic tam sensownego nie mieli, więc poprosiłem o pączka i kawę. Otwieram portfel...

– Można kartą płacić?

– Czym jeszcze? Cztery pięćdziesiąt kartą? Żarty chyba – odpowiada mi niezmiernie uprzejma sprzedawczyni ze złotym zębem.

No to wyciągam jedyny banknot. Stuzłotowy.

– Nie mam wydać. Nie ma pan drobnych?

– No nie mam. Znaczy mam, ale jakieś dziewięćdziesiąt groszy tylko.

– To nie mogłeś rozmienić? – Nie wiem, kiedy przeszliśmy na „ty". Chyba chodzi po prostu o te dwadzieścia lat różnicy wieku.

– No nie miałem czasu za bardzo.

– Stroić się w garniturki to ma czas, a stówy nie może rozmienić? – Teraz jesteśmy na „on". Niedługo tu całkiem zatracę osobowość.

– Wyda mi pani czy nie?

– No niech pan gdzieś idzie rozmienić. Tam jest sklep. – Pokazuje na drugą stronę dwupasmowej ulicy.

Do przejścia dla pieszych kawał drogi. Z wyliczeń wyszło, że nie zdążę na rozmowę, jak się będę telepać tam i z powrotem w tych niewygodnych butach. Podziękowałem zatem uprzejmie za pączka i poszedłem sobie. Na odchodnym usłyszałem jeszcze, jak przemiła pani sprzedawczyni z koleżanką, która stała cały czas o ladę oparta, komentują rozmiar mojego tyłka i stwierdzają, że pączków to żreć nie powinienem. W sumie pewnie i mają rację. Ale kawy, kawy, kawy…

Pod drzwiami pokoju przesłuchań czy rekrutacji, czy jak go tam zwać, adrenalina mi się trochę podniosła i brak kawy przestał doskwierać. Poza mną czekały jeszcze dwie kobiety, mniej więcej w moim wieku. Chyba przesadziłem z tym garniakiem. One wydawały się o wiele bardziej wyluzowane.

Rozmowa przebiegła nawet spoko. Wydawało mi się, że brzmię dość profesjonalnie. Aż w końcu padło to nieszczęsne pytanie:

– A jakie są pana plany osobiste? Planuje pan założenie rodziny? – spytała zimna jak Królowa Śniegu pani menedżer, patrząc na mnie znad oprawki okularów.

I ja właściwie wiem, że ona nie ma prawa takich pytań zadawać. Ale zamiast się oburzyć (co właściwie by mi dało oburzenie w takiej sytuacji?) albo kłamać (nie wolno kłamać!), zacząłem coś bąkać:

– Na razie nie… To znaczy raczej nie, nie myślałem o tym właściwie… Ale nie wykluczam takiej możliwości w przyszłości… Takiej dalszej przyszłości.

– Mhm. – Pani menedżer złożyła moje papiery w stosik szybkim ruchem. – W takim razie dziękujemy. Skontaktujemy się telefonicznie.

Wychodząc, zatrzymałem się na chwilę przy stanowisku sekretarki... Znaczy „asystenta dyrektora". Sympatyczny chłopak. Zauważył, że się przejmuję.

– Rozmowa poszła nie tak? Może kawy? – zapytał z uśmiechem.

– O, jasne. Byłoby miło. – W końcu jakiś miły akcent tego dnia.

– Nie przejmuj się – powiedział. – To i tak bez znaczenia. Ta ruda wysoka dostanie tę robotę. To było ustawione od początku. Koleżanka pani menedżer. Chodzą razem na fitness.

Świetnie. Przynajmniej wiem, żeby nie robić sobie nadziei. Zmarnowane cztery godziny zwolnienia z pracy. I tak dobrze, że pozwalają nam brać zwolnienia na godziny. I dobrze, że zdążyłem przed porą obiadową, bo w brzuchu już mi dudniło. Wróciłem, usiadłem grzecznie do swojego komputera, zdjąłem marynarkę, zsunąłem koszmarne buty (z niejaką obawą, że już ich nie wcisnę z powrotem i do domu będę wracać boso) i zabrałem się do roboty. Po chwili moja szefowa żartownisia już stała oparta o moje biurko:

– Ploteczki mówią, że nasz Adrianek dziś brał kilka godzin wolnego? Wszystko okej? Co tam? Jakieś męskie sprawy pewnie, co? – Mrugnęła okiem i odeszła. Nawet mi nie dała szans na odpowiedź.

W sumie nie wiem, co miałbym jej odpowiedzieć. Ona ma i tak własne zdanie na temat tego, jak faceci spędzają czas wolny od pracy.

Do końca dnia odliczałem godziny. W tramwaju znów było strasznie gorąco. Mógłbym przysiąc, że kobieta, która wchodziła za mną po stopniach, klepnęła mnie w tyłek, żebym się pospieszył. Ale wystraszyłem się, że mam jakąś manię już i przywidzenia i jak się na nią wydrę, to wyjdę na świra.

W domu rozebrałem się z tych koszmarnie niewygodnych ciuchów i z piwem w ręce padłem na kanapę. I siedząc na tej kanapie, zdałem sobie sprawę, że to nie był mój dzień, tylko Beata mi opowiada swój, a ja, chyba po raz pierwszy w życiu, się bardzo wczułem.

Do mnie przecież nikt by tak nie mówił. Jestem facetem. Na szczęście.

Chętnie pójdę na kompromis.
**Ty przyznaj, że się mylisz,
a ja przyznam ci rację.**

...JEŚLI CHCESZ WYPOWIEDZIEĆ UMOWĘ, WCIŚNIJ OSIEM
No w końcu!
ODPOWIEDZ NA PYTANIE: **JAKA JEST PRĘDKOŚĆ LOTU JASKÓŁKI BEZ OBCIĄŻENIA?** NASTĘPNIE WCIŚNIJ GWIAZDKĘ
...
Nie chcę waszej telewizji! Dlaczego mnie męczycie?!
ODPOWIEDŹ NIEPRAWIDŁOWA. POWRÓT DO GŁÓWNEGO MENU...

Jak ostatecznie oszaleć

ONA

Mój facet to dobry i opanowany człowiek. Oaza spokoju. Kwiat lotosu na gładkiej tafli jeziora. Dopóki go coś nie wkurwi. Wtedy zmienia się w wulkan absurdalnych wrzasków i chaotycznych działań bez żadnego pomyślunku. A już najgorzej, jak go to dopadnie w czasie rozmowy przez telefon. To, że nie widzi osoby, która go denerwuje, chyba dodatkowo go nakręca i wtedy to już w ogóle nie wiem, co z nim robić. Oblać zimną wodą, dzwonić po lekarza czy po policję. Nie wiadomo. Żywioł.

Wymyślił, że jedziemy do Danii na wakacje. Słyszycie, jak to brzmi. Do Danii na wakacje. Nie do Grecji, nie do Włoch. Do Danii. Bo On ma taką tradycję, że wynajmuje domek nad morzem i tam jedzie wypocząć, a z Holandii przyjeżdżają jego rodzice, bo Dania jest tak jakby w połowie drogi z Holandii do Polski, i oni też tam odpoczywają. **Z TYM FURIATEM.** No, ale nie uprzedzajmy faktów. Taką sobie tradycję rodzinną wymyślili, niech im będzie. Nie byłam tam nigdy, mogę w sumie pojechać. Ten kraj mi się tylko z *hygge* kojarzy, czyli z robieniem niczego, a ja jestem bardzo dobra w robieniu niczego. Mogłabym się habilitować z robienia niczego, gdyby mi się chciało oczywiście.

Wybraliśmy ładny domek niedaleko morza. W ogóle ładnie tam jest, jak w internecie popatrzeć! Nie wiem, czy to kwestia dobrego kadru, czy prawda, ale ani nie widziałam miliarda parawanów przysłaniających plażę, ani tłumu Januszów z piwem w plastikowych kubkach. Wszystko na zdjęciach wygląda spokojnie i majestatycznie. Aż mi się naprawdę zachciało tam z nim jechać! Miłe, spokojne wakacje nad morzem z ukochanym. Plus poznam jego rodziców! To chyba znaczy, że wskakujemy na wyższy lewel, czyż nie?

Na wyższy lewel paranoi wskakujemy najpierw. Bo oto stajemy przed problemem przelania zaliczki. On to niby robi co roku, więc powinien umieć, ale twierdzi, że coś mu na stronie banku pozmieniali i nie może znaleźć tej opcji. Strona mu ciągle w złotówkach chce przelewać, a trzeba w euro. Czyli czeka nas to, co było nieuniknione od samego początku. Telefon na infolinię. Powiedziałabym, że nienawidzę dzwonić na infolinię, ale jeśli tak, to w takim razie nie wiem, jak nazwać to, co On czuje.

Najpierw muzyczka. Mam wrażenie, że te melodyjki oczekiwania na połączenie mają za zadanie wymęczyć petenta, żeby był łatwiejszy w rozmowie. Na mnie to tak działa w każdym razie. Jak już wysłucham ogłupiającej muzyki, przebiję się przez wszystkie automaty i w końcu usłyszę normalny ludzki głos, to jestem już tak zmęczona, że zgadzam się na wszystko. Raz tak telewizję kupiłam niechcący. I potem musiałam ją oglądać, bo zapłacone za rok.

Na Adriana muzyczka działa odwrotnie – jak tylko słyszy pierwsze dźwięki, to zaczyna złorzeczyć pod nosem i mówić coś o rzuceniu telefonem przez okno. I to w nim narasta, jakby jakiś demon go opętywał...

no coś takiego robił. Bo przecież jeszcze przed chwilą był z niego dobry człowiek, spokojny. I słucha tej melodyjki na głośnomówiącym, i widzę, jak się robi coraz bardziej czerwony na twarzy. W końcu głos ludzki:

– Dzień dobry – mówi głos ludzki i się przedstawia, ale kto by to zapamiętał. – Czym mogę służyć?

Adrian głośno wypuszcza powietrze z płuc i kolor jego twarzy wraca do w miarę normalnego odcienia.

– Dzień dobry, próbuję zrobić przelew w euro. Ale wasza strona zawzięcie chce to zrobić w złotówkach. Zmienia mi za każdym razem.

Pani na słuchawce chyba nowa, bo nie reaguje tradycyjnym słowotokiem, tylko coś tam mruczy, zupełnie jakby się namyślała. Wydawało mi się, że oni tam na słuchawkach mają wszystko rozpisane, co mają mówić, i nie wolno im myśleć za dużo. Ale może korporacje się bardziej ludzkie zrobiły teraz.

– No to może niech pan przeleje w złotówkach, to i tak się przeliczy na euro...

– Ale pani nie rozumie! – nakręca się mój Miś spokojny do-rany-przyłóż. – Ja nie wiem, ile to ma być na złotówki. Ja wpisuję kwotę taką, jaka powinna być w euro, **A WASZA STRONA ZAMIAST EURO WPISUJE ZŁOTÓWKĘ**.

– To może wejdzie pan na stronę główną banku i sobie przeliczy euro na złotówki po aktualnym kursie…

Trzeba przyznać, że ona też jest zabawna z tymi radami. Adrian niestety najwyraźniej nie widzi w tym nic śmiesznego, bo znów zrobił się czerwony.

– Jakbym chciał robić przelew w złotówkach, tobym sobie zrobił. Bym nie dzwonił do pani. **JA BYM NA POCZTĘ POSZEDŁ I ZROBIŁ PRZELEW.** Od tego mam chyba bank i panią, żeby to załatwić. A te pani rady to są o kant nie powiem czego potłuc.

– Przepraszam, ale nie będziemy rozmawiać w ten sposób – broni się kobieta.

– TO JA MOGĘ DOKŁADNIE POWIEDZIEĆ, O JAKI KANT!

– Ja tylko chciałam powiedzieć, że rozmowa jest nagrywana.

– **NO I BARDZO DOBRZE** – wypala do słuchawki mój książę z bajki i się rozłącza.

Wiem, co teraz będzie. Teraz będzie mruczał pod nosem i dłubał na tej stronie tak długo, aż ogarnie, jak to zrobić. I dopiero się uspokoi.

Tak też się dzieje. Adrian przypomina sobie, że może po prostu podejrzeć przelew z zeszłego roku i zrobić tak samo jak wtedy. Okazało się, że jakiś numer IBAN wpisywał nie tu gdzie trzeba. Uff. Koniec. Wszystko dobrze. Przynajmniej na jakieś pięć minut. Bo po chwili zauważa w mailu od Duńczyków, że maleńkim druczkiem napisali: „Uwaga: prosimy wpisać numer zamówienia w tytule przelewu, aby zaliczka mogła być zidentyfikowana". Bardzo mądrze, że małym druczkiem piszą rzeczy najważniejsze, może to takie duńskie poczucie humoru. Nie ma teraz czasu nad tym myśleć, bo Adriana znów szał ogarnął. Próbuje anulować przelew, ale się nie udaje. W końcu ustalamy, że trzeba dzwonić ponownie.

Patrzę na niego. On patrzy na mnie.

– Dobrze, to może ja zadzwonię. Ciebie to tam mają pewnie już oznaczonego w kategorii „od tych klientów nie odbieramy" – mówię uspokajającym tonem.

Przyznaje mi rację. Dzwonię. Odbiera bardzo sympatyczny pan. Daję go na głośnomówiący i tłumaczę co i jak. On mówi, że wszystko da się załatwić, pieniądze zaraz będą z powrotem na koncie. Oddycham z ulgą.

– O Jezu, dziękuję, pan mi życie uratował! – wołam z niekłamaną wdzięcznością, bo poczułam, że mi ciśnienie wraca do normy po tych emocjach.

– Polecamy się na przyszłość – odpowiada miły pan. – A przy okazji miałbym dla państwa ofertę linii kredytowej…

– **DOBRA, PIEPRZYĆ GO, JUŻ WSZYSTKO WIEM!** – drze się nagle ten wariat, bo zobaczył, że pieniądze wróciły na konto. Facet jest na głośnomówiącym, przypominam. Mówię mu: „Dziękuję, do usłyszenia", i się rozłączam.

Teraz nie będę mogła usnąć. Przecież oni gotowi pomyśleć, że jakiś psychopata mi groził, kazał robić przelewy w tę i we w tę, jak jakieś pranie brudnych pieniędzy, a ja jeszcze powiedziałam coś o ratowaniu życia. Zaraz tu będą gliny.

Uciekajmy do tej Danii.

Kreatywność polega na tym,
że najpierw robisz awanturę,
a powód znajdujesz w trakcie.

Idę do sklepu, chcesz coś?
Mhm
Latający spodek wylądował na naszym podwórku
Mhm
Gadałam z moim **byłym**...
CO CO CO?

Jak się wpędzić w zazdrość i potem żałować

ONA

Przysięgam, że jak spotkam, to zabiję.

A jeśli jej nie spotkam, to chyba zabiję jego, bo daleko chodzić nie trzeba i zawsze będę mogła powiedzieć, że to tylko nóż mi się omsknął przy filetowaniu kurczaka.

Zaczęło się w poprzedni czwartek. Wrócił z pracy **ZADOWOLONY** bezwstydnie. Pomyślałabym, że jakiś awans dostał, podwyżkę czy coś, ale już jedną przecież w tym roku dostał. Następna za jakieś trzydzieści lat pewnie. I pytam go jakby nigdy nic:

– Jak tam w pracy?

A On, zamiast normalnie pomrukiwać, pojękiwać i narzekać na Ewę, mówi bezczelnie:

– Spoko. Jest coś do jedzenia? Zatrudnili nową dziewczynę. Na asystentkę grafika.

– Czyli jakby twoją asystentkę?

– Aha. Jakby. Siedzi obok. Fajna dziewczyna. W końcu jest się do kogo odezwać.

Nic. Przełknęłam ślinę. Przemilczałam.

Przez weekend było okej. Cisza i spokój. We wtorek On sobie siada wieczorem i zamiast piwka sączy dżin z tonikiem. A zamiast łomotu słucha Niny Simone. Myślę sobie: uwodzi mnie?, gust mu się nagle naprawił?, a On rzuca przez ramię:

– Fajne, nie? Jadźka włączała dziś w pracy. Świetna rzecz.

– Jadźka?

– No ta nowa.

– Ma na imię Jadźka?

– Tak na nią mówimy. Naprawdę ma na imię Jagoda. Rodzice jacyś walnięci, bo jej siostra jest Malina. Jadźka sobie nawet te jagody tatuuje teraz na ramieniu. A Malina chce sobie na osiemnastkę malinę wytatuować. Ale nie na ramieniu. – Tu uśmiech mojego Lubego bezbłędnie wskazał, że On ma pewne pomysły, gdzie by taką malinę można umieścić. A ja poczułam, że to już jest wystarczająca liczba powodów, żeby go udusić w nocy.

Nic. Jestem oazą spokoju. Nie będę sobie jakąś Jagodą głowy zaprzątać.

Ale nie. Nie dadzą mi o niej zapomnieć. W piątek mieliśmy sobie tradycyjnie gnić na kanapie i oglądać serial. Ja już chłodzę wino i przygotowuję ekskluzywne przekąski (odpakowuję ser pleśniowy i otwieram słoiczek z żurawiną), a tu SMS: „Zostaję dziś z Jadźką dłużej w pracy. Nie czekaj na mnie. Wrócę późno :*".

ŻE CO?! Jaka w ogóle, kurde, Jadźka w piątkowy wieczór? Co to ma być? I że niby ten „dwukropek i gwiazdka" załatwią sprawę? Jakie „późno" w ogóle? Odkąd go znam, nigdy nie wyszedł nawet pięć minut po czasie. Nie mówiąc o tym, że i tak połowę dni pracuje zdalnie. Pracował. **CZEMU ON W OGÓLE NIE PRACUJE ZDALNIE, ODKĄD JEST TA JADŹKA?!**

Odpisuję, starając się brzmieć chłodno i spokojnie: „Okej. Mam nadzieję, że to płatne nadgodziny".

A On nie odpisuje i nie odpisuje. Pewnie jest zajęty. **NO CIEKAWE CZYM!** Czemu ona się musiała uwziąć akurat na mojego faceta? Nie mogła odbić faceta jakiejś dziewczynie, która w nich przebiera? Musiała mi? Boże, On mnie zostawi i będę znów musiała chodzić na randki i tłumaczyć komuś moje dziwactwa. Butelka wina jest w połowie pusta.

Po całej wieczności, trwającej siedemnaście minut, Adrian odpisuje: „Daj spokój. Ewa się strasznie na Jadźkę uwzięła. Musi dziewczyna ogarnąć parę rzeczy do poniedziałku, a jutro ma szkołę".

SZKOŁĘ?! Głupia siksa, co chodzi do szkoły jeszcze? Nie ma już odwrotu. Dopijam wino, dojadam resztki sera utopionego w żurawinie (milion kalorii, ale jakie to ma znaczenie?!), przełykam resztki godności i znajduję głupią siksę w znajomych Adriana na Fejsie. Głupia siksa jest z dziesięć lat młodsza ode mnie. Otwieram drugą butelkę.

Miałam mu nagadać, jak wróci, ale usnęłam. Może to i szczęście. W sumie jak **TRZEŹWO** o tym pomyśleć, to nie mam przecież o co być zazdrosna. Jakaś tam dziewczyna z pracy. Dowodów nie ma. Znają się tydzień raptem. Zaraz mu się znudzi. Albo ją zwolnią. Tymczasem radosny, słoneczny, spokojny weekend. Mam ochotę zaszaleć nawet i spędzić jakiś miły czas we dwoje. Zapomnieć o siksie.

– A może się przejdziemy do parku? – rzucam. – Spacer? Lody?

– Eeeee... nie mam siły się ruszać. Lody kupiłem. Mamy w zamrażarce. Posiedźmy w spokoju – odpowiada, obejmując mnie czule.

No to idę do kuchni, otwieram lody, szykuję pucharki, a tu coś mi miga w przedpokoju. Przywidzenia czy jakaś czarna plama mi się szamocze przy drzwiach? Wystawiam głowę z kuchni, a ta moja czarna, zmęczona plama już kończy wkładać buty i mówi:

– Jadźka zadzwoniła, że nie może kołpaków zamontować. Wrócę za godzinę.

Drzwi się zamykają z trzaskiem. No łyżką do lodów go i tak nie zatłukę. Choć powinnam.

W poniedziałek czara goryczy jest już prawie pełna. Seksu nie było od tygodnia. Wykręcam się bólami głowy czy innymi, a On szybko daje spokój. Coś za szybko. Czy skoro On tak szybko daje spokój, to znaczy, że ona mu szybko... daje? Nie no, nie. Nie ma się co nakręcać. **NA PEWNO WSZYSTKO SIĘ DA WYJAŚNIĆ NA SPOKOJNIE.** Tylko trzeba się zebrać i powiedzieć, co czuję. On na pewno mnie uspokoi. Jeszcze będziemy się z tego wszystkiego śmiać. Tymczasem dzwoni z pracy:

– Kochanie, możesz włączyć mój komputer i Dropboxa? Zrzucę sobie trochę plików i może jutro zdalność wezmę.

Ha! Bierze zdalność! Będzie siedział w domu jak trzeba. Wszystko wraca do normy! Wszystko będzie dobrze.

– Misiu, ale to chce jakieś hasło ode mnie. Nie znam twojego hasła – odpowiadam czule.

– Wpisz z caps lockiem **JADZKA69** i potem małymi „u" i „jot".

Rzucam słuchawkę. Idę szukać noża.

ON

Jadźka jest super. Szkoda, że jutro jej nie będzie. Chyba też wezmę zdalność, bo co tu tak będę sam siedział. Muszę ją w końcu przedstawić Beacie. Na pewno się polubią. Mają takie samo poczucie humoru, gust muzyczny... W ogóle Jadźka to taka bardziej piskliwa i mniej seksowna wersja Beaty. O! W poprzedni weekend Beata się wściekała, że nie wychodzimy nigdzie razem czy coś... Może zapytam Jadźkę i wyjdziemy gdzieś zjeść po pracy we czwórkę. W sensie z Beatą i Jadźki mężem, bo już wrócił z Berlina podobno. Beata na pewno się ucieszy. Będzie super.

Kolego, a co to za szalik **w niewłaściwych barwach**?
A wełniany
JE-BAĆ WEŁNIANY JE-BAĆ WEŁNIANY

Pokłóciliście się. Co dalej?

ON

Nasza pierwsza **PRAWDZIWA KŁÓTNIA**! Już nawet nie pamiętam, o co poszło. Na pewno zaczęło się od tematu Jadźki, a potem już z górki. W każdym razie wtedy to było bardzo ważne i sprawiało, że kłótnia była rzeczywiście **PRAWDZIWA**, więc zachowałem się tak, jak każdy prawdziwy mężczyzna postąpiłby na moim miejscu. **TRZASŁEM DRZWIAMI I WYSZŁEM.** Tylko w odwrotnej kolejności. Nie było innej rady – zadziałały Honor i Duma. Wystawiły mnie za drzwi ten Honor i ta Duma i postawiły przed trudną decyzją: co dalej niby?

Normalny facet idzie chyba w takim wypadku na jakiś mecz z kolegami. Ale skąd ja wezmę teraz mecz, i to jeszcze z kolegami? Mój brat wyjechał w góry, a znajomi z pracy pewnie tłuką teraz w *Counter Strike*'a przez sieć. W sumie byłoby to jakieś wyjście, ale nie w zaistniałej sytuacji. Teraz potrzebuję prawdziwie męskiej aktywności związanej z siedzeniem, spożywaniem alkoholu i rozmów o tym, że wszystkie kobiety są takie same. **NOŻE WBITE W STÓŁ, DYM PAPIEROSOWY W POWIETRZU, TAKIE KLIMATY.** Mógłbym zapukać do Tomka z góry, bo pewnie właśnie pije, ale on prędzej zaprosiłby ją niż mnie.

Co robić?

Idę do pubu. Jak na filmach.

Wchodzę do pubu. Jak na filmach. Konkretnie w westernach – wypierdzieliłem się w progu niczym trzecioplanowy kowboj, który właśnie dostał kulkę od Clinta Eastwooda. Szczęśliwie nikt nie zwrócił na to szczególnej uwagi. **TEŻ JAK NA WESTERNACH.** Już mi się tu podoba. Czemu ja częściej do pubów nie chodzę?

Siadam przy barze na tym takim absurdalnie wysokim stołku. Jak na filmach. Opieram się o ladę jak na filmach i odzywam się, jak na filmach, do barmana przepitym głosem człowieka, który swoje w życiu widział i przeżył też. Jak na filmach.

– Barman! Poproszę piwo!

– Ho, ho, ale jakie piwo? Bardziej w stylu „Snu kormorana" czy „Tropikalnej gorączki"?

Nagle sobie przypomniałem, dlaczego nie chodzę do pubów.

– Najtańsze – odpowiadam z powagą. Już ja znam te wasze fikuśne kormorany w niebotycznych cenach.

Dostałem koncerniaka, który smakuje jak siki. Sam tego chciałem. Odkręcam się na stołku równie ostrożnie, co majestatycznie i wychylając kufel, badam groźnym wzrokiem pomieszczenie. Lokal jest wypełniony facetami i piwem, niewiast niewiele. **SĄ TEŻ NOŻE**, bo niektórzy jedzą. Brakuje tylko dymu papierosowego, ale zakaz palenia, wiadomo. No i ktoś komuś chyba powinien w mordę dać, tak dla klimatu. Ale i tak nie jest źle – właśnie się mecz zaczyna i wszyscy podnoszą półprzytomne oczy na telewizor wiszący na ścianie.

Z meczami mam ten problem, że dopóki to jest Polska kontra Niemcy, to wiadomo, że sprawa wagi państwowej, trzeba nakupić piwa i oglądać z zapałem, niemal stojąc na baczność, drzeć mordę przy każdej ważniejszej akcji – krótko mówiąc: kibicować pełnym sercem, nawet jeśli to zawody w curlingu. Ale te wszystkie Ligi Mistrzów czy, nie daj Boże, Ekstraklasa to... no nie mój klimat, powiedzmy. Ani nie wiem, co to za kraj „PSG", ani nie rozumiem, czemu trzeba czuć nienawiść do kibiców przeciwnej drużyny, skoro jedna i druga jest z Warszawy. Mój znajomy dostał kiedyś w mordę, bo komuś się kolory jego szalika nie zgadzały. Warto dodać, że to był biało-czerwony szalik z napisem „POLSKA".

Mnie się akurat trafia mecz Legii z Polonią, więc atmosfera w lokalu momentalnie się zagęszcza, wszyscy się ożywiają, a co poniektórzy nawet wstają, wpatrując się w ekran. Wnet zaczynają padać te wszystkie piłkarskie terminy naukowe, których nie jestem w stanie spamiętać, jak i te bardziej swojskie, w stylu „no jak to można było tak spierdolić". Ponieważ nic lepszego do roboty nie mam, a kończę już drugi kufel koncerniaka, postanawiam dołączyć do wrzawy i krzyczeć przypadkowe słowa w przypadkowych momentach.

– **PODAJ! NIE GRASZ SAM!** – drę się do telewizora, chociaż z mojego miejsca nawet nie widzę, kto ma piłkę. Ze stolika pod ścianą dobiega mnie: **„ZDJĄĆ TO DREWNO Z BOISKA"**, więc odkrzykuję: **„MOJA BABCIA SZYBCIEJ BIEGA"**. Po chwili przekrzykujemy się na przemian. Oni: **„KARNY!"**, to ja: **„SĘDZIA KALOSZ!"**. Ja: **„NO KOMU ON PODAJE"**, to oni: **„TO SIĘ ZEMŚCI!"**. I tak dalej. Z każdym kolejnym hasłem moi współkrzykacze coraz bardziej się nakręcają. Czuję się jak wodzirej na weselu. Ilekroć wołam: **„NO STRZELAJ!!!"**, wszyscy w tym samym momencie podrywają się z siedzeń i zaczynają wydawać z siebie bliżej nieokreślone pijackie odgłosy. Wrzawa. Biesiada. Darcie mordy. Tego mi było trzeba właśnie.

Idziemy zygzakiem środkiem ulicy grubo po północy i śpiewamy chyba coś piłkarskiego. Nie wiem co, oni chyba też już nie. Czterech nas jest. Ja jestem. Sławek jest. I Pioter. I ten trzeci, nie wiem, jak się nazywa, ale tamci dwaj mówią do niego „szefie". Mam nadzieję, że nie wstąpiłem właśnie do jakiejś szajki i że nie idziemy zrobić skoku. Bo w tym stanie złapią nas w pięć minut.

Beata pewnie już dawno śpi. Dobrze jej.

Ciekawe, jaki był wynik tego meczu.

Moja największa fantazja seksualna:
wyspać się
we wszystkich pozycjach.

Ale się wczoraj upiłem...
Nic nie pamiętam...
O NIE!
Mam nadzieję, że nikomu nie obiecałem, **że pójdę biegać, czy coś**

Jak wpaść w złe towarzystwo i wypaść z niego

ON

Bo wizzisz, Adhhian. Z kobietą to szszeba stanowszszo. Nie możżeeszsz dać się owinąć wokół palssa…

Nie pamiętam, jak to się stało, ale jesteśmy w mieszkaniu Sławka i pijemy wódkę. Ten, który daje mi te dobre życiowe rady, to Pioter. Sławek od czasu do czasu dorzuca coś w stylu „taka prawda" albo „tyle w temacie". Szef chyba przysypia na krześle, z głową opartą o ścianę. Albo obmyśla plan napadu na bank, cholera go wie.

– Mussisz pokazać, kto nossi spodnie w tym związsssku. Ja zawsze, jak moja zaczyna przessazać, to mówie… – Tutaj Pioter podnosi się z miejsca, chyba żeby bardziej wczuć się w sytuację, o której mówi. Opiera się przy tym o stół, który podejrzanie skrzypi. – …Grażyna! Kto nossi spodnie?! – woła do mnie, jakbym to ja był Grażyną.

– Twoja żona nie nosi spodni? – pytam niepewnie.

Pioter momentalnie smutnieje i siada na miejsce. Nie chciałem mu popsuć wystąpienia.

– Takie czasy, co zzrobisz – mamrocze. – Niedługo to **NAM** każą sukienki ubierać.

– Zakładać. – Samo mi się powiedziało.

– Co?

– Zakładać sukienki. Ubierać to można siebie. – **PO JAKĄ CHOLERĘ JA TO CIĄGNĘ W OGÓLE?**

– A w mordę dawno żeś nie dostał? – pyta uprzejmie. Sławek najwyraźniej poczuł się gospodarzem tej imprezy, bo chwyta za ramię raptownie podnoszącego się z miejsca Piotera i wymachując drugą ręką w chaotycznym pijackim geście (czymś pomiędzy zaganianiem świniaków do koryta a dyrygowaniem orkiestrą), wypowiada słowa mądrości:

– Sssspokojnie, Pioter. Wszyssko jest… dobrze.

Najwyraźniej Pioter potrzebował, żeby ktoś to powiedział, bo podziałało jak zaklęcie – znowu siada na miejsce.

– Chłop to musi być chłop! – uderza ponownie z grubej rury. – W zisiejszych czasach próbują z nas zrobiść miękkie cipy. **MAM TAKĄ TEORIĘ**, że to wszyssko po to…

– Hipotezę. – Znowu to samo. Przysięgam, że to mi się mówi bezwiednie. Jak czkawka. Na szczęście tym razem chyba nie usłyszał, bo kontynuuje swój wywód o spisku, w który zamieszani są Żydzi, Reptilianie, UFO oraz Jurek Owsiak. Czuję, że odpływam. Pioter ma bardzo monotonny głos, a jeszcze ta kosmiczna tematyka działa na mnie usypiająco…

Z letargu nagle wyrywa mnie jednak bełkot tak głupi, że obudziłby umarłego.

– ... I TO LEŻY W NASZEJ MĘSKIEJ NATURZE! FACET MUSI SIĘ OD CZASU DO CZASU WYSZUMIEĆ, COŚ PRZELECIEĆ NA BOKU, ŻEBY NIE OSZALEĆ. ALE W DOMU TRZEBA KŁAMAĆ I UDAWAĆ TEN CAŁY MONOLO... MONOGAMI... MONOTON... NO WIECIE. BO KOBIETOM SIĘ ZDAJE, KOBIETY SĄ NAUCZONE...

Żadna ze mnie feministka i normalnie bym to po prostu olał. Ale niestety jestem pijany i czuję potrzebę nagłego zareagowania. Równie silną co niemoc wysłowienia się, którą też czuję. Wstaję więc, chwiejąc się jako to drzewo na wietrze i ledwo patrząc na oczy, a następnie, wskazując palcem na Piotera, mówię stanowczo:

– Nnie wwolno kłamaś.

Teraz mu w pięty pójdzie. Wiem, że żarty się skończyły. Pioter powoli podnosi się z krzesła. Powiedziałbym, że wzrok ma wlepiony we mnie, ale chyba nie bardzo łapie ostrość, jak tak na niego patrzę. Ja w sumie też. Sławek tym razem nie reaguje, tylko odsuwa się na bezpieczną odległość. Pioter wstaje, opierając się o blat stołu, który znowu nieznośnie skrzypi. Ja też wstaję. To jest ten moment. Albo on, albo ja. Zaciskam pięści i czekam na jego pierwszy ruch.

To, co się dzieje później, mógłby nakręcić Tarantino, i to bynajmniej nie dlatego, że jest ekspertem od krwawych jatek, tylko od pastiszu. Wszystko dzieje się niezwykle szybko, więc równie szybko postaram się to opisać. Pioter opiera się o stół i mierzy mnie wzrokiem. Widzę, jak narasta w nim gniew, bo zaczyna dyszeć i miarowo ruszać się w przód i w tył, jakby zamierzał zionąć we mnie ogniem. Stół skrzypi. Ja stoję. I wtedy z Piotera wydostaje się cały gniew w postaci na wpół strawionego burgera, który zjadł w lokalu. **UŁAMEK SEKUNDY PÓŹNIEJ** stół nie wytrzymuje tych emocji i łamie się pod ciężarem mojego oponenta. Pioter pada jak długi. Na moment zalega cisza, zakłócana jedynie chrapaniem szefa. Po czym mówię:

– Ja muszę już iść.

I wychodzę. Zamykając drzwi, słyszę, jak Sławek płacze ze śmiechu.

Nie wolno kłamać. Mam swoje zasady i właśnie je obroniłem. Z Bożą pomocą i czynnym wsparciem alkoholu, ale jednak. Idę do domu, do mojej kochanej kobiety. Po co ja w ogóle wychodziłem, nie pamiętam.

Otwieram drzwi **NAJCISZEJ, JAK TO MOŻLIWE**, a następnie wykonuję cały zestaw gestów znanych jedynie facetom, którzy za późno wracają do domu: chodzenie na palcach z pochyloną głową jako ten przyczajony tygrys albo inny ukryty smok, czy też mówienie **„ĆŚŚŚ"** do samego siebie. Po dłuższym spektaklu różnych takich zachowań docieram do sypialni, z której dobiega mnie najpiękniejsze chrapanie na świecie. Kładę się obok chrapania, bezszelestnie niczym ninja. W tym momencie chrapanie ucicha.

– Łojej, spałam chyba.

– Tak.

– Chrapałam?

– Nie, ty nie chrapiesz.

Czasem wolno kłamać. Ale tylko czasem.

I Bóg stworzył sarkazm.
Aby nie musiał człowiek na głupie pytania odpowiadać.

Ty mnie tu nie przepraszaj, jak ja **jeszcze nie skończyłam się z tobą kłócić**!

Jak się pogodzić

ONA

Nasza pierwsza **PRAWDZIWA KŁÓTNIA**! Już nie pamiętam nawet, o co poszło. I to, co mówił, nie było nawet takie straszne, ale **JAKIM TONEM** On to mówił! Do mnie! Jakby nie wiedział, że jak On mówi **TAKIM TONEM**, to mi się chce płakać od razu. I bym się tam chyba rozbeczała przy nim jak dziecko, któremu nikt nie chce kupić pięćdziesiątej zabawki za trzysta złotych, ale szczęśliwie On nie był tego świadkiem, bo wyszedł. **WYSZEDŁ I TRZASNĄŁ** drzwiami. Dziad jeden.

I dobrze, pomyślałam, płacząc. Niech idzie. Ciekawe, gdzie On niby pójdzie o tej porze. Braciszek w góry wyjechał, koledzy pewnie tłuką w *Counter Strike*'a. Tomek nie wie, o co chodzi, ale **NA PEWNO** jest po mojej stronie.

Dupa mu zaraz zmarznie i wróci. I się płaszczyć będzie. I przepraszać. I dobrze. Ja za nim wydzwaniać nie będę.

A jak On poszedł do jakiejś zdziry?

Nie no, na pewno nie ma żadnej zdziry. Jakby mu się udało zdzirę ukrywać **PRZEDE MNĄ**, to jego talent zostałby już dawno doceniony przez FBI, czy co tam mamy w Polsce, i robiłby karierę. Ale to wszystko niemożliwe, bo przecież **MÓJ FACET NIGDY NIE KŁAMIE**.

A jeśli chleje teraz w jakimś pubie i jakaś zdzira go podrywa?! Puby są na pewno pełne takich zdzir, które wypatrują tylko takich facetów, smutnych i samotnych, żeby ich pocieszyć. Zadzwonię i sprawdzę!

Zadzwoniłam. Do Magdy. Potwierdziła, że jeśli On do mnie mówił **TAKIM TONEM**, to On jest świnia. I nie jest wart moich łez ani telefonów.

Nadal go nie ma. W sumie dawno nie byłam sama w domu o tej porze. Mogę robić wszystkie te rzeczy, których przy nim nie robię.

Wzięłam prysznic, drąc mordę razem z Whitney Houston. Siedzę na łóżku z mokrymi włosami i bez stanika. Tylko w tym różowym T-shircie, którego On nienawidzi, i gaciach, **CHOCIAŻ NIE MAM IDEALNIE OGOLONYCH NÓG**. Otworzyłam wino i lody. Gram w *Simsy*. Ha, ha, ha. Wyślę Helen i Rogera na wakacje. A co?! Coś im się od życia należy w końcu. Niech sobie poszaleją. Tak dawno ich nie widziałam. Może im nawet dziecko zdążę zrobić. I psa wytresować.

Boże, ale mają piękny dom. Kiedyś sobie z Adrianem taki wybudujemy. I wytresujemy psa.

MOŻE nawet zrobimy dziecko.

Oczywiście najpierw mnie musi przeprosić, ale to szczegół.

Dobra, idę spać.

Przyszedł. Ciekawe, która to godzina. **JUŻ GŁOŚNIEJ SIĘ TYCH DRZWI NIE DA OTWIERAĆ CHYBA.** Zaczął wykonywać ten cały szereg gestów, znanych jedynie kobietom, których faceci wracają w nocy z poczuciem winy: stuka i szura wszystkim, bo nie patrzy, gdzie lezie, zgrywa niewidzialnego z urokiem godnym słonia chowającego się za palmą, coś mamrocze i świszczy pod nosem. Trwało to tak długo, że zdążyłam chyba znów usnąć, zanim dotarł do sypialni. No i dobra. Niech śpi. A rano niech przeprasza.

Dobry Boże, spraw, żeby mojej drugiej połówki nie było w domu, **kiedy przyjdą moje zakupy z internetu** – modlitwa ludowa.

Wy, faceci, to jesteście **jacyś inni**...
Ja na przykład od pół roku czekam, aż mój chłopak mnie w końcu zaprosi do opery
A on nic!
A **powiedziałaś** mu to?
Nie, no co ty!

Jak być zołzą

ONA

Ja nie jestem osobą specjalnie wierzącą w cokolwiek, ale to zdarzenie potraktowałam jako jakiś znak z góry. Bo oto siedzę sobie rankiem szarym w metrze, niedobudzona jeszcze i nie do końca przytomna, rozmyślając o tym, że mi się rutyna w mój poważny związek uczuciowy wkrada. Po tej kłótni ostatniej mnie oczywiście już zdążył przeprosić i się pogodziliśmy, ale tak myślę sobie, że niby fajnie jest, tylko czy się nie znudzi zaraz? Czy nie staniemy się nagle jedną z tych par, co żyją z sobą, ale ciągle jakoś obok? Czy On mnie nie przestanie kochać? Czy tu nie trzeba czegoś podkręcić w tym związku?

Pouwodzić go trochę? Czy może On mnie powinien pouwodzić?

I wtedy wchodzą one. Całe na szaro. Szczupłe, modne i zgrabne. I mówią:

– Ale ta książka co mi dałaś, te *Zołzy*, to genialna – mówi pierwszy z objawionych mi aniołów.

– No nie? – zgadza się anioł numer dwa, żując gumę.

– No totalnie trzeba być taką zołzą, żeby facet za tobą szalał.

– Noooo, masakra, jakie to prawdziwe!

No to ja niby ich nie podsłuchuję, a już googlam, co to te *Zołzy* i dlaczego mężczyźni je kochają. No i brzmi jak coś w sam raz dla mnie. Pięć milionów czytelniczek nie może się mylić! Ja będę zołzą, On mnie będzie kochał. Nic prostszego! Bo ja to już pewnie za dobra jestem dla tego mojego chłopa. On sobie jak pączek w maśle u mnie żyje. Jeszcze mi się w tym maśle rozpuści do końca i na baby gdzieś pójdzie. Niedoczekanie jego!

Książkę (i pączka) kupuję w drodze z pracy i postanawiam od razu się zabrać do roboty.

Dzień 1

W zasadzie to ja już niezłą zołzą chyba byłam przed tą książką, ale jest parę kwestii do wdrożenia. Na przykład: jak On chce gdzieś wyjść razem, to ja się zawsze zgadzam. I co? I teraz On pomyśli, że w ogóle nic nie mam poza nim! Żadnych planów, pasji, zainteresowań! Że jestem już na każde jego skinienie! To tylko krok od „wygaśnięcia iskry". Czekam więc na propozycję, a że szczęście mi sprzyja, przychodzi ona tego samego wieczoru. On sobie po prostu wraca z pracy i rzuca lekko:

– Obejrzymy jakiś film?

– Nie, dziś nie mam czasu. Dziś wychodzę – odmawiam asertywnie i (mam nadzieję) zołzowato.

– O. Nie wiedziałem. Gdzie idziesz?

No to pięknie się wygłupiłam z tymi planami i wychodzeniem. Gdzie ja mogę iść? Gdzie ja mogę iść?!

– A takie tam... moje sprawy – wybrnęłam i już w myślach biję sobie brawo: „Jestem asertywna i tajemnicza! Jestem zołzą! Kochaj mnie!".

– Okej.

No i tu prawdziwy problem. Bo teraz faktycznie muszę wyjść, i to na przynajmniej dwie godziny, żeby unikanie leżenia na kanapie i oglądania filmu było uzasadnione. Magda w delegacji, u Tomka z góry może mnie nakryć... Mogłabym iść na basen albo do fitness clubu, ale żeby robić takie rzeczy, musiałabym nie być sobą. Ostatecznie idę do kina. Uboższa o ponad trzy dychy, wynudzona (bo poszłam na cokolwiek, a cokolwiek to nie zawsze dobry wybór) i z obolałym od niewygodnej pozycji tyłkiem, wracam do domu późnym wieczorem. Rzucam dyskretne „cześć" i zamykam się w łazience. Głupio teraz marudzić, jak strasznie się wynudziłam, skoro zainwestowałam tyle czasu i pieniędzy w udawanie, że mam własne tajemnicze sprawy. Mam nadzieję, że już kocha mnie bardziej.

Dzień 2

Mam dopieścić jego ego. Tak napisali w tej książce. Co nie jest wcale takie łatwe, zważywszy na to, że jednocześnie mam nie być zbyt miła i nadskakująca. Idę w proste przykłady podane w książce: już od rana mu powtarzam, że jest w czymś najlepszy, i zgrywam słabą kobietkę, która nagle nie potrafi otworzyć słoika z masłem orzechowym i która wymaga męskiej opieki.

Przy śniadaniu rzeczywiście jest efekt. Adrian aż promienieje, kiedy mówię, że nikt nie robi takiej dobrej jajecznicy. Trochę się boję, że teraz częściej będziemy taką pacię z pomidorami jeść. Potem zbijam go z tropu, udając, że absolutnie nie jestem w stanie sama zdjąć sobie ręcznika z górnej półki w szafie i tylko dzięki temu, że mam w domu tak wysokiego mężczyznę, w ogóle uda mi się dziś wziąć prysznic. No a teraz, wieczorem, po odstawieniu spektaklu w dwóch aktach – AKT 1: „Pająk w domu! Na pewno by mnie zabił, gdyby nie ty, mój waleczny bohaterze z gazetą", oraz AKT 2: „Och! Doprawdy, tylko silna męska ręka potrafi otworzyć butelkę wina" – siedzę i zastanawiam się, czy:

1) On mnie dziś kocha bardziej?

2) On teraz myśli, że faktycznie jestem kobietą, która wymaga opieki? Na przykład psychiatry?

Dzień 3

Jak się obudziłam, to Adriana już nie było w łóżku. Z kuchni dochodził zapach kawy, więc wyciągnęłam spod materaca mój drogocenny poradnik uwodzenia. Od razu trafiło się słowo na niedzielę: „Czy zawsze ty wieszasz papier toaletowy w łazience? Czy on zawsze ma pełną rolkę, podczas gdy ty zużywasz ostatni zmięty kawałek, z którego połowa jest przyklejona do tektury? Wystarczy mała lekcja porządku, żeby to zmienić. Któregoś niedzielnego ranka on wejdzie do łazienki z gazetą rozłożoną na dziale sportowym. Przez dwadzieścia minut nie zauważy braku papieru toaletowego, bo będzie skupiony na wynikach sobotniego meczu. Kiedy skończy czytać, zawoła: »Kochanie? Kochanie?! Słyszysz mnie?!« (Brak odpowiedzi). To sygnał dla ciebie, żebyś wyniosła śmieci. W końcu świeci słońce, kwitną kwiaty i ćwierkają ptaki. (Trywialne pytanie: Ile czasu zajmie mu zorientowanie się, że zapas papieru toaletowego jest pod umywalką?)"*.

No to ubieram się i lecę do łazienki. Odzieram rolkę z papieru, żeby zostały jakieś resztki. Papier upycham po kieszeniach dżinsów, żeby go dyskretnie wynieść. Ha! Niech doceni facet, ile ja mam obowiązków w domu! Niech dostrzeże! Niech się przejmie!

Wszystko idzie zgodnie z planem. Adrian, wychodząc z kuchni, mówi: „Dzień dobry, słonko!", daje mi buziaka w czoło i znika w łazience. No to ja cap! niepełny worek ze śmieciami i lecę. Na zewnątrz strasznie leje, więc biegnę jak idiotka do kontenera i wracam na klatkę. Świetnie. Woda mi kapie z włosów i wylewa się z butów. Na dodatek orientuję się, że biegłam przez podwórko z malowniczym ogonem z papieru toaletowego, który na domiar złego zmókł i zmienił się w papierową breję. Ale do mieszkania nie mogę jeszcze wrócić, bo On usłyszy, że wróciłam, a to

---

* S. Argov, *Dlaczego mężczyźni kochają zołzy. Kultowy poradnik o miłości i związkach*, tłum. U. Szczepańska, Warszawa 2017, s. 78.

ledwie pięć minut pewnie minęło. Więc stoję, ociekam i rozgrzewam się jedynie myślą o tym, jak tam w łazience zaczyna się rozgrywać dramat mężczyzny, który nie doceniał, jak wiele robi dla niego jego kobieta.

Wracam po trzydziestu minutach, kichając. Adrian bezczelnie zadowolony z życia odwraca się od komputera i pyta zaniepokojony:

– Ojej! Gdzie ty wychodziłaś w ten deszcz?

– Aaaaaa tak… ten… no… śmieci wynieść… – cedzę, szczękając zębami.

– Ale dlaczego? Jeszcze w niedzielę? Przecież worek nie był pełny. Mogłaś powiedzieć. Wyniósłbym. Moje biedactwo. Właź pod koc, herbatę ci zrobię.

Bezczelny cham! Ani słowa o papierze toaletowym! I o tym, jak przemyślał swoje życie i odbył „lekcję porządku".

Przynosi mi herbatę. Moją ulubioną. Owija mnie w kocyk. Podaje laptopa. Całuje w czółko.

– Żebyś tylko się nie przeziębiła... Mam wrażenie, że cię coś wcześniej już brało, bo od kilku dni się dziwnie zachowujesz.

On mnie chyba jednak kocha. Bardziej.

Dzień 4

Trochę kicham, ale jadę do pracy. Do metra wsiadają te same dwie dziewczyny co w czwartek. Jedna z nich patrzy tęsknym wzrokiem na parę obściskującą się w kącie wagonu i mówi do drugiej:

– Jezu, wiesz, kiedy ja ostatnio kogoś miałam na dłużej?

– No... my obie jakieś pechowe jesteśmy... ciekawe dlaczego?

NO NAPRAWDĘ CIEKAWE DLACZEGO?!

Aksjomat – zdanie prawdziwe
niewymagające dowodu.
Na przykład: „BO TAK!”.

CYTATY Z INTERNETÓW

– Co robisz?

– Szukam szczęścia.

– W lodówce?

– O, piwo. Też może być.

W weekendy...
Możemy realizować swoje **najskrytsze łóżkowe fantazje**...
CHRRR...
CHRRR...

Jak wyznać miłość, nie używając słowa „kocham”

1

Pośpij jeszcze.

2

Kupiłam/Kupiłem ci to, bo wiem, że lubisz.

3

Daj znać, jak dojedziesz.

4

Możesz zjeść mój kawałek.

5

Podrapać cię po plecach?

6

Jestem z ciebie dumna/dumny!

7

A jadłaś/jadłeś dziś coś?

8

Ja pozmywam.

9

Ubierz się ciepło.

10

Zrobię to dla ciebie.

11

Na co masz dziś ochotę?

12

Przynieść ci herbatkę?

13

Z tobą jest najlepiej.

14

Nie wstawaj, ja to zrobię.

15

Zrobiłam/zrobiłem ci śniadanie.

Zobacz, to ten, co gra w **Barwach na Wspólnej**! A to ta z **K jak Klan**!
Prawdziwi celebryci
O, w końcu **barek** otworzyli!
Jezu, jak się rzucili!
Niby celebryci, **a jednak ludzie**
Jednak ludzie

Pan Buk (przedzakończenie)

ON

Pewnie wiecie, że moja Luba jest taką trochę celebrytką niechcący. Założyła fanpage, na który wrzuca śmieszne obrazki i niespodziewanie okazało się, że tysiące ludzi to lajkują, piszą komentarze, oznaczają znajomych i wysyłają prywatne wiadomości. Jest tego tyle, że zaczęliśmy już we dwójkę nad tym pracować, bo samemu to życia nie starczy, żeby to wszystko ogarnąć. Szczególnie jak się lubi święty spokój. Koniec końców Beata została autorką i „osobą publiczną”, a ja jej agentem-bodyguardem. Bardziej to drugie.

– Piszą z radia, że chcą z tobą wywiad przeprowadzić – wołam pewnego razu, gapiąc się na maila, który właśnie przyszedł.

Cisza.

– Słyszysz mnie? Wywiad masz załatwiony! W radiu!

Wchodzi Ona. Jest blada i wyraźnie kark jej zesztywniał (widziałem to już parę razy, dosyć niepokojący widok).

– **W RADIU...?** – pyta drżącym głosem.

– Tak. Pytają też, czy Bukowa to twój pseudonim artystyczny, czy naprawdę się tak nazywasz.

– **W OGÓLE SIĘ NIE NAZYWAM. JEZUSMARIA, BRZUCH MNIE ROZBOLAŁ. MUSZĘ DO ŁAZIENKI!** – woła, wybiegając z pokoju.

– Ale co mam im odpisać?

– Powiedz, że to pomyłka. Albo że wjechałeś w tunel i nie masz zasięgu. Ja tak zawsze robię.

I tak to mniej więcej wygląda. Moim zadaniem jest niedopuszczanie do niej żadnych mediów, bo w przeciwnym razie blednie, brzuch ją zaczyna boleć i wybiega z pomieszczenia. Raz mi tak wybiegła z zoo, jak jej powiedziałem, że będzie o niej artykuł w gazecie, i potem nie chcieli jej wpuścić z powrotem, bo ja miałem bilety, a nie wiedziałem, do którego wyjścia pognała.

Dlatego też kiedy przyszedł mail, że mamy zaproszenie na wielką imprezę pełną dziennikarzy, celebrytów i innych youtuberów, której ukoronowaniem będzie koncert Michaela Bublé, to bez wahania odpisałem grzecznie, że bardzo dziękujemy, ale jesteśmy zbyt zajęci ukrywaniem się przed światem. Powiedziałem jej o tym nieco później, przy kolacji.

Pobladła.

– Nie panikuj, odpisałem, że nie idziemy. Wszystko jest w porządku – próbuję ją uspokoić.

– KONCERT MICHAELA BUBLÉ I JA NIE IDĘ?!

– Ale…

– BOŻE ŚWIĘTY, MOŻE TO SIĘ DA JESZCZE ODKRĘCIĆ? KIEDY IM PISAŁEŚ?

– Ale... Przecież tam będą ludzie... – Trochę mi zabrakło języka w gębie.

– NO I BARDZO DOBRZE, NIECH SOBIE BĘDĄ. DAJ MI TEGO MAILA, JA IM ODPISZĘ.

Zwariować można. A jeśli weźmiemy ślub, to już tak przez całe życie będzie. Nerwicy się przy niej nabawię. Ja mam dopiero trzydzieści lat! W tym smogu to jeszcze spokojnie jakieś piętnaście lat pożyję. Piętnaście lat paranoi. W dodatku będziemy się nazywać państwo Bukowy-Las. To nie będzie normalne życie, nie ma szans.

Odkręciłem wszystko, dostaliśmy wejściówki. Odstawiliśmy się jak na wesele. Przybywamy bawić się przednio. W wejściu wita nas rosły ochroniarz i sprawdza nasze zaproszenia.

– Ach, Pani Bukowa, jestem fanem! Zapraszam. I... – tu patrzy na mnie – Pan Buk. Zapraszam również.

Przynajmniej sprawę nazwiska mamy z głowy najwyraźniej.

Nikt nie pisze SMS-ów szybciej
niż wkurzona kobieta.
Nikt nie sprząta w mieszkaniu szybciej
niż facet, który liczy na seks.

KIEDY FILOZOFICZNE PYTANIA DOPADAJĄ CIĘ ZNIENACKA

Ten świat jest źle zrobiony (zakończenie)

ON

Ten świat jest źle zrobiony. Ja generalnie wierzę w Boga, ale wierzę też, że jak tworzył świat, to był pijany. Spójrzcie na takiego dziobaka: ciało bobra, dziób kaczki, ma futro, składa jaja. To nie jest projekt, nad którym siedziała rada uczonych, rozważali wszystkie za i przeciw, aż w końcu im wyszło, że tak właśnie będzie optymalnie. Nie, to jest coś, na co wpadasz po kilku głębszych. Na studiach znałem takiego jednego Bolka, z którym raz piłem gdzieś na wyjeździe i tam nas cały czas ostrzegali przed psem, który siedział w budzie na łańcuchu i podobno był bardzo groźny. Ludojad normalnie.

Impreza odbywała się zatem w stosownej odległości od budy. W pewnym momencie (a już kilka kolejek poszło, może nawet kilkanaście) nagłe poruszenie i pijacka panika: mój znajomy zniknął. Wszyscy latają i go nawołują. Ja pamiętałem tylko, że jakiś czas temu wstał, wybełkotał, że „musi pomyśleć", i odszedł od stołu. Po dłuższych poszukiwaniach w końcu ktoś się odważył zajrzeć do budy, gdzie oczywiście znalazł Bolka, który trzymał Ludojada w namiętnym uścisku i prawie wtykając mu palec do oka, mówił: „Ten pies jest źle zrobiony. To oko... powinno być tu...".

Czego mnie nauczyła ta wielce życiowa anegdotka? Po pierwsze, jeśli nie pamiętasz, że czegoś nie da się zrobić (na przykład zaprzyjaźnić się z psem ludojadem), to masz duże szanse, że ci się uda. Po drugie, jak się za dużo myśli (szczególnie po pijaku), to można zwątpić we wszystko. Nawet w sensowność budowy psa. I tak jest z każdym tematem – im dłużej o nim myślisz, tym bardziej absurdalny się wydaje. Nie trzeba do tego celu dziobaków ani psów ludojadów z dziwnymi oczami. Wystarczy chwilę pomyśleć o czymś z codziennego życia. O kobietach na przykład.

Kobiety są dziwne. Nie zrozumcie mnie źle, faceci też są dziwni. Ekscytowanie się ludźmi biegającymi za skórzaną piłką jest dziwne. Jaranie się motoryzacją do tego stopnia, że istotny jest kolor klamek od drzwi auta, jest dziwne. Nawet picie wódki jest dziwne, przecież nikomu to nie smakuje, powiedzmy sobie szczerze. Gdyby smakowało, to nikt nie musiałby wynajdywać takich rewelacji jak zagrycha i zapoja. To wszystko prawda. Ale ponieważ sam zaliczam się do facetów, to wydają mi się oni nieco mniej egzotyczni w tych dziwactwach niż kobiety w swoich. Poza tym już się nastawiłem, że będę pisał o kobietach teraz, więc nie komplikujmy.

Co robią kobiety na przykład? Kobiety wyrywają włoski z brwi. A potem na tym miejscu rysują brwi na nowo. Nawet lepiej – zlecają to komuś innemu i jeszcze za to płacą. Kobiety przekłuwają uszy* i potem to się goi długo, żeby można było tam wsadzić coś metalowego i wyglądać pięknie. Ktoś kiedyś wymyślił, że tak trzeba robić, więc tak się robi. A przecież gdyby się chwilę nad tym zastanowić, to jest strasznie dziwne.

---

* Faceci też, ale tylko bardzo odważni.

Czasem pewnie oglądacie na Discovery Channel jakieś filmy o afrykańskich plemionach, patrzycie na te egzotyczne stroje, przedziwne makijaże tudzież inne barwy wojenne i poprzekłuwane uszy. I myślicie sobie – jakie to dziwne. Po czym wyłączacie telewizor i idziecie zrobić makijaż, przekłuć uszy, wbić się w niewygodne szpilki i ciasną sukienkę. I to jest już zupełnie normalne. Cierpienie dla piękna. Ja tam się nie dziwię, że feministki się wkurzają. Jak ja wybieram ubranie, to zwracam uwagę, czy jest wygodne. Jak jest, to znaczy, że to dobre ubranie. Jak nie, to znaczy, że złe. To takie proste.

Ale to jeszcze nic. Kobiety mają przecież cykl miesiączkowy. **I TO TEŻ JEST NIBY ZUPEŁNIE NORMALNE, ŻE LUDZIE REGULARNIE KRWAWIĄ.** I to jeszcze nie wszyscy, tylko połowa ludzkości. Ot tak, żeby było niesprawiedliwie. Jakbym ja tak miał, tobym umarł po pierwszym razie. Na zawał serca. Serio, jak myślę o takich sprawach, to czuję się zupełnie jak ten Bolek, który odkrył, że ten pies jest źle zrobiony, a wszyscy inni zdawali się tego nie zauważać. **KTO CAŁKIEM NA TRZEŹWO** wpadłby na pomysł, że będzie super, jeśli kobiety co miesiąc będą musiały się z tym użerać?

Dobra, to teraz najlepsze. Zapnijcie pasy, bo czeka was szok poznawczy. **KOBIETY. RODZĄ. DZIECI.** Mózg rozjebany. Aż nie wiem, od czego zacząć. Wczujmy się w sytuację Stwórcy. Siedzicie sobie w tym Edenie, wszystko już właściwie ogarnięte: roślinki, zwierzęta, **NIEBOSKŁON**, ludzie... Jeszcze tylko jedna kwestia została: skąd mają się brać kolejni ludzie? Jak to ma działać? I wtedy wpadacie na **GENIALNY POMYSŁ**: otóż nowi ludzie będą powstawać w brzuchu kobiety i jak już osiągną takie rozmiary, **ŻE NIE BĘDĄ SIĘ MIEŚCIĆ**, to wyjdą przez... Hm... A, przez jakiś otwór. **WYLOSUJMY.** Ene, due, rike, fake...

NO PRZECIEŻ... NO PRZECIEŻ JAK? JAK W OGÓLE TAK MOŻNA?

Pamiętam z biologii, że jest mnóstwo innych sposobów rozmnażania. Rośliny mają jakieś tam pestki czy coś, które potrzebują tylko wody i słońca i *voilà*! Nowe życie. Można? Można. Kury znoszą jajka. Siedzisz sobie w jajku **JAK CZŁOWIEK**, nie wadzisz nikomu i w końcu, jak stwierdzisz, żeś gotów, to wychodzisz. Wszyscy już czekają z tortem i imprezą na twoją cześć. No nie lepiej? Nie. U nas musi być krew, krzyk i flaki. Panika i zgrzytanie zębów. Chaos i zniszczenie. I tak jest od zawsze, odkąd ten Stwórca wraz z Ewolucją (we dwoje nad tym siedzieli) wymyślili, że tak to należy właśnie robić i proszę nie dyskutować.

To jest niedorzeczne, jak się o tym myśli z dystansu, jak o ogólnym zjawisku. Ale jak pomyśleć konkretnie, o danej osobie, to już się robi nie tylko niedorzeczne, ale i przerażające. Nie rozmawialiśmy o tym jeszcze z Beatą (na szczęście), ale co będzie, jak się kiedyś zdecydujemy na dzieci? Jak Ona przeżyje taki poród? Przecież Ona ma bardzo niski próg bólu, a jak widzi krew, to mdleje. A **JAK JA TO PRZEŻYJĘ**? Ja mdleję już na widok szpitala.

Muszę się napić. Za dużo myślenia jak na jeden dzień. To na szczęście nie jest temat na dzisiaj.

ONA

Świetnie. Okres mi się spóźnia.

Ilustracje i projekt okładki
Maciej Zaręba

Redakcja
Monika Janota

Opieka redakcyjna
Anna Steć

Adiustacja
Maria Szumska

Korekta
Anna Gądek

Projekt typograficzny i łamanie
Grzegorz Kalisiak | *Pracownia Liternictwa i Grafiki*

ISBN (oprawa miękka) 978-83-240-4815-1
ISBN (oprawa twarda) 978-83-240-4913-4

Flow Books
ul. Kościuszki 37, 30-105 Kraków
e-mail: promocja@flowbooks.pl

Książki z dobrej strony: www.znak.com.pl
Dział sprzedaży: tel. 12 61 99 569, e-mail: czytelnicy@znak.com.pl

Wydanie I, Kraków 2018
Druk: Colonel

BĄDŹ NA BIEŻĄCO
Z **PAŃSTWEM... BUKOWYM...**

CZY JAK TO POWIEDZIEĆ...
NO Z NIMI W KAŻDYM RAZIE:

BUKIBUKOWA.PL

INSTAGRAM.COM/**WIELKIOGARNIACT**

FB.COM/**PANBUKFANPAGE**